¿QUÉ HAGO CON MIS HIJOS?

¿QUÉ HAGO CON MIS HIJOS?

Preguntas frecuentes
sobre cómo educar
a los niños

Annie de Acevedo

GRUPO
EDITORIAL
norma

Bogotá, Barcelona, Buenos Aires, Caracas, Guatemala, Lima,
México, Miami, Panamá, Quito, San José, San Juan,
Santiago de Chile, Santo Domingo

Acevedo, Annie de
    ¿Qué hago con mis hijos?: preguntas frecuentes sobre cómo
educar a los niños / Annie de Acevedo. - Bogotá: Editorial Norma, 2002.
    240 p.; 14 × 21 cm.
    ISBN 958-04-6977-6
    1. Psicología infantil 2. Educación de niños 3. Crianza de niños 4.
Educación en el hogar 5. Padres e hijos I. Tít.
    173.5 cd 20 ed.
    AHL7989

                CEP-Banco de la República-Biblioteca Luis-Angel Arango

Edición, Patricia Torres
Diseño de cubierta, Mónica Bothe
Diagramación, Andrea Rincón

Este libro se compuso en caracteres Legacy Serif.

ISBN 958-04-6977-6

Este libro es un homenaje a Beatriz Gómez de Acevedo, mi suegra, quien murió en abril del 2002.

Más que suegra, Beatriz fue una madre para mí, en todo el sentido de la palabra. Me acogió en el seno de su familia y me quiso con el amor incondicional que una buena madre siente por sus hijos. Yo, por mi parte, la quise, la admiré y la respeté profundamente, porque además de ser una excelente amiga y confidente, siempre me apoyó y me alentó para que me realizara como madre, mujer y profesional.

Contenido

Preguntas y respuestas sobre niños en edad escolar 53

Preguntas y respuestas sobre temas generales de la crianza........ 143

Introducción

Mientras crecían mis hijos siempre tuve muchas preguntas, dudas e inquietudes que no sabía a quién hacer. Algunas se las hacía a mi mamá, a mis tías o a amigas que estuvieran más adelantadas en el proceso de criar, pero nunca me quedaba sin hablar con alguien, porque me parecía delicioso y fundamental compartir información sobre la tarea más importante que tenía en la vida: la crianza de mis hijos.

Aún recuerdo la sensación tan placentera que me quedaba después de conversar con otras madres y comprobar que ellas también estaban pasando por lo mismo. Me sentía normal y con gran sentido de pertenencia. Ése es el objetivo al escribir este libro: que los padres se sientan tranquilos, que se den cuenta de que todos tenemos las mismas angustias e inquietudes y que todos somos bastante parecidos a la hora de criar; que sientan que no están solos ante la monumental tarea de educar bien a sus hijos.

Este libro de preguntas y respuestas intenta reunir la mayoría de las inquietudes de los padres, aunque todos sabemos que el tema de la crianza es inagotable y con seguridad muchas se quedaron por fuera. Los temas fueron saliendo de las charlas que continuamente tengo con padres en mi trabajo en el colegio, en mi consultorio y en las conferencias que dicto. Siempre trato de utilizar ejemplos de la vida real porque me parece que sirven como modelos de identificación. Sin embargo, cada quien debe interpretar las respuestas con base en su propia realidad. Recuerden que a la hora de criar no hay recetas ni soluciones mágicas y que lo relevante es que cada papá y mamá se conozca bien y conozca bien a su hijo, antes de decidir cómo va a incorporar los consejos de los otros.

Espero que este libro se convierta para cada uno de ustedes en un buen compañero de viaje durante los años de la crianza y que les ayude a encontrar caminos para solucionar los tropiezos naturales de ese viaje.

Preguntas y respuestas sobre niños en edad preescolar

La coherencia en la crianza es una de las claves para la felicidad de padres e hijos. Ghandi definía esa coherencia como la armonía que reina cuando se es capaz de pensar, decir y hacer lo mismo.

Durante el primer año, ¿cuáles son la cosas que debo estimular principalmente en mi bebé?

El primer año de vida del niño es muy importante en lo que tiene que ver con la estimulación para el resto de la vida. Hay que estimularlo de todas las maneras posibles. Los primeros días y semanas el estímulo auditivo es el que percibe mejor, así que ponerle música de Mozart, si es posible, y/o canciones de manera continua es excelente. También es aconsejable colgarle algo encima de la parte superior de la cuna, donde permanece la cabeza, para que fije la mirada.

Siempre que alguien esté con el bebé o lo toque debe hablarle, pues ése es un elemento fundamental de una estimulación completa. Algunos padres se sienten "ridículos" hablándole a alguien que aparentemente no entiende, pero que va grabando y aprendiendo. Cuando los padres le hablan al bebé continuamente acerca de lo que están haciendo o sintiendo, permiten que el desarrollo del lenguaje de su bebé sea más rápido.

Saque el bebé al sol, déjelo sin ropa durante algunos momentos y ayúdele a mover sus miembros inferiores y superiores. Hágalo por lo menos una vez al día.

Durante el baño o al secarlo, hágale un masaje suave por todo el cuerpo. La estimulación táctil es importantísima durante el primer año. Cámbielo de posición cuando él todavía no pueda hacerlo, y cuando ya pueda, ayúdelo a desplazarse haciéndole cosquillas en la espalda para estimularlo a que se siente. Hágale presión en la planta de los pies cuando esté acostado bocabajo para que gatee.

La rutina que se establece durante el primer año también le sirve para el futuro. Enséñele a estar solo, oyendo música, por ejemplo; mézalo pero no en exceso, déjelo dormir en su cuarto apenas pase la noche, no se deje manipular por el llanto... Si usted logra esto durante el primer año, fija un patrón que le servirá siempre.

Uno de los más grandes retos del primer año de vida es aceptar y responder adecuadamente a la personalidad única de su niño(a). Desde el día en que nace, cada bebé tiene "necesidades únicas" propias de su personalidad. Entender las necesidades particulares de su bebé debe ser su prioridad durante el primer año.

> **Mi bebé odia bañarse, siempre llora y grita y esto se ha vuelto una situación muy estresante.**

¿Qué puedo hacer para que el baño no se convierta en una pelea todos los días?

El llanto es la manera como los bebés se comunican con el mundo exterior, con sus padres y con las personas que los cuidan. Los niños expresan sus necesidades a través del llanto, y si un niño llora cada vez que lo bañamos, quizás quiere decirnos que le molesta la manera como lo estamos haciendo. Tal vez el agua está muy fría, o muy caliente, o lo estamos metiendo demasiado rápido. Sea lo que sea, el llanto indica que hay algo que le está causando incomodidad y nuestro deber es buscar distintas opciones hasta encontrar la manera de hacerlo sentir cómodo y de convertir el baño en una experiencia placentera. Usted puede intentar bañarlo día de por medio, o conseguirle juguetes para la tina, de manera que el baño se vuelva más atractivo. Poner música relajante también ayuda a algunos niños. Hay que explorar hasta encontrar la situación idónea.

Con alguna frecuencia he encontrado que los niños a los que definitivamente no les gusta bañarse sufren de algún tipo de déficit táctil. Hay algo en su desarrollo del tacto que no está como debe estar y por eso reaccionan negativamente al contacto con el agua.

Si a pesar de hacer modificaciones en la rutina del baño, su hijo sigue llorando cada vez que lo va a bañar y el miedo al baño se mantiene constante durante un tiempo considerable, debe buscar una evaluación neurológica o consultar con un terapeuta ocupacional.

Pero si el niño sólo llora de vez en cuando a la hora del baño, no se preocupe, entienda que eso es normal, que su hijo simplemente puede estar sintiéndose mal en ese momento específico, o puede querer decirle que hay algo en la rutina del baño que no le gusta y que usted puede cambiar.

> **Soy una madre primeriza y me asusta mucho el llanto de mi bebé. Sé que es su manera de comunicarse, pero no sé cómo reaccionar cada vez que llora.**

El llanto es el primer medio de expresión de los niños y hay que aprender a entenderlo y manejarlo, como cualquier lenguaje, pues hay padres que se asustan tanto con el llanto de sus hijos que terminan por dejarse manipular por ellos y eso no es bueno. Los niños comunican sus necesidades a través del llanto y lloran cuando tienen hambre, cuando tienen sueño, cuando están mojados, cuando están enfermos, cuando tienen frío, cuando están incómodos por alguna razón. Con el tiempo los papás aprenden a reconocer y satisfacer estas necesidades y a discriminar entre un llanto que tiene una causa específica y un llanto que simplemente quiere llamar la atención. Con este segundo tipo de llanto es con el que hay que tener mucho cuidado, porque como el niño se da cuenta de que cada vez que llora alguien viene a atenderlo, rápidamente aprende a utilizar el llanto para atraer la atención de los adultos y puede convertirse en un niño llorón. Si bien un niño necesita la supervisión constante y amorosa de sus padres, no necesita que estén encima de él todo el tiempo, pues hoy día se sabe que el exceso de atención es adictivo y por lo tanto hace daño.

Para manejar el llanto, conocer bien a su hijo se vuelve primordial. Ante todo, no hay que asustarse con el llanto ni creer que éste es siempre signo de algo malo. Como dije, es la única manera que tiene el niño de expresarse hasta que aparece el lenguaje. La clave es decodificar el lenguaje del llanto y para lograrlo hay que pasar tiempo con el niño.

Hay estudios que comprueban claramente cómo los bebés pueden acostumbrarse con facilidad a sentir siempre al lado el calor de un adulto y cuando sienten que esa sensación placentera se aleja, expresan su molestia llorando. Por eso es importante definir con claridad cuáles son los llamados que queremos atender y cuáles no, pues los niños, y sobre todo los bebés, son seres completamente orientados al placer y quieren vivir rodeados de éste, pero por lo general eso no es posible ni se debe cultivar. Hágase entonces a la idea de que a veces habrá llantos que usted no atenderá y reaccione siempre en consecuencia.

> **Mi hijo de diez meses llora cuando ve gente desconocida, mientras que antes solía ser un bebé muy simpático. ¿Es normal este cambio?**

A los papás les preocupa mucho que sus niños sean débiles, sobre todo sus niños varones, y se alarman cuando ven que su bebé de diez meses, que hasta entonces había sido un niño risueño y muy sociable, de repente empieza a llorar cuando ve gente desconocida. Éste es un cambio totalmente normal en los niños y un indicador de un desarrollo adecuado, pues muestra que el niño está empezando a reconocer a la gente que lo rodea, y a distinguir entre las personas en quienes puede confiar y las que no.

Cuando el niño comienza a manifestar desconfianza ante los desconocidos, y a asustarse en sitios que le son extraños, está desarrollando un sentido de autoprotección que es muy bueno e importante. Por eso usted no debe preocuparse si su niño de un año se pone a llorar cuando llega a un sitio nuevo, o a un lugar donde hay mucha gente que nunca antes ha visto, o cuando una persona poco conocida viene a la casa. Simplemente explíquele a su hijo que se trata de un amigo suyo y siga conversando sin darle mayor importancia al llanto.

Obviamente, este temor ante los desconocidos es una etapa que el niño debe superar en dos o tres meses, porque si se extiende por un largo período u ocurre todo el tiempo puede estar llamando la atención sobre algo más serio, como puede ser una inseguridad permanente ante el mundo exterior. Entonces uno se debe preguntar qué puede estar dándole al niño esta sensación, ¿será que el vínculo entre el niño y los padres es muy frágil? ¿Qué más pueden hacer los padres para hacerle sentir que sí lo quieren y lo cuidan? Todo esto hay que explorarlo. También hay que tener en cuenta que hay niños que son llorones porque los cambian mucho de sitio, porque no tienen rutinas y porque los acarician poco, todas cosas necesarias para su seguridad afectiva.

De todas maneras, recuerde que a partir del año el niño va a desconocer todo aquello que no le sea familiar y va a manifestar su desconcierto con llanto. Cuando empiece a hablar lo expresará más claramente y entonces disminuirá el llanto.

> **Desde que mi hijo comenzó a comer sólidos, la hora de la comida se ha vuelto un desastre. A veces no quiere comer, o escupe; se pone a jugar con la comida, o se pasa horas frente al plato sin terminar, y a mí me preocupa que no se esté alimentando bien. ¿Cómo puedo manejar esto?**

El tema de la comida es una de las mayores preocupaciones de los padres, porque la comida, a nivel inconsciente, representa el afecto, y los padres, especialmente las mamás, creen que una buena medida del amor que sienten por sus hijos es la manera como los alimentan. Por eso con frecuencia la comida se vuelve un tema tan álgido en las familias.

Lo primero que deben tener en cuenta los papás de un niño que pone problemas para comer es que no deben hacer de la comida un drama, porque concederle tanta importancia a ese tema producirá precisamente el efecto contrario. Los niños empiezan a rechazar la comida cuando sienten que hay presión alrededor y que su mamá se pone muy nerviosa cuando no comen.

Por otra parte, establecer rutinas para las horas de la comida y cumplir con ellas es un buen hábito. A la hora de comer los niños deben estar sentados, ojalá alrededor de una mesa con todos los utensilios necesarios, y rodeados de un ambiente cálido y sin presiones. Se debe comer siempre dentro de unos horarios establecidos y fijar una duración máxima para cada comida, sin obligar a los niños a pasarse dos horas frente a un plato hasta que se lo terminen. Es lógico que un niño pequeño quiera tocar y jugar con la comida, esto hace parte del desarrollo del sistema táctil y gustativo. Por eso hay que estar preparado para que de vez en cuando algo se riegue y el niño se unte, y usted puede ayudarse poniéndole un babero y permitiéndole que juegue un poco con algunas de las cosas del plato.

Usted debe ayudarle al niño a comer, pero sin obligarlo. La comida debe ser un alimento para el cuerpo y para el alma y sólo debe traer beneficios. Cualquier exageración en este tema se puede volver peligrosa. Hay que darle al niño una dieta balanceada y servirle una cantidad adecuada. También es importante fijarse en las cosas que empiezan a gustarle más. Hoy día se sabe que los niños comienzan a tener preferencia por ciertas comidas desde muy temprano y que el gusto también se hereda. Por eso es importante prepararle las cosas que le gustan.

Cuando llegan a los dos años es normal que los niños quieran pararse todo el tiempo mientras están comiendo, y dar vueltas alrededor de la mesa, o jugar con otras cosas. Ésta es la edad de la independencia y la hora de la comida es uno de los momentos en que ellos pueden mostrarse rebeldes. No se desespere y vaya enseñándole a su hijo poco a poco que la hora de comer no es para jugar ni para correr y que debe permanecer sentado. Así irá desarrollando gradualmente una cierta disciplina y un buen hábito a la hora de comer. Lo más importante es lograr que esto pase sin volver la comida un campo de batalla, pues si la situación se vuelve muy traumática el niño aprenderá a asociar la comida con momentos negativos, de mucha angustia y presión, y esto puede afectar su desarrollo y manifestarse después en problemas serios en la adolescencia.

Tuve un caso de una mamá que estaba tan afectada porque sus hijos no comían bien, que se pasaba todo el día preparando platos diferentes y rogándoles a los niños que comieran. La hora de la comida empezó a volverse una faena tal que aunque los niños comieran, después vomitaban todo. Cuando me consultó, lo primero que le aconsejé fue no darle tanta importancia a la comida, hablar de otras cosas, pensar en otras cosas y permitir que otras personas se encargaran a veces de darles la comida a los niños. Era importante que ella bajara la presión alrededor del tema de la comida y para esto le hice ver que ser una buena o mala mamá no se medía por la cantidad de comida que ingirieran sus hijos. Ella sentía una gran sensación de fracaso cada vez que sus hijos rechazaban la comida y por eso insistía. Durante la terapia se dio cuenta de que en su familia su mamá también había insistido en el tema de la comida y empezó a trabajar sobre sus propias frustraciones infantiles. Con el tiempo los niños dejaron de vomitar y la comida volvió a ser lo que debe ser, un momento agradable en que la familia comparte los sucesos del día alrededor de un delicioso plato.

Mi hijo está llegando a los dos años y he oído que ésa es una edad muy difícil, en que se po-

> nen muy necios y dicen a todo que no. ¿Qué es
> lo que pasa en esta edad? ¿Cómo debemos ma-
> nejar los papás esta rebeldía?

A los dos años va a haber molestias a la hora de comer,
a la hora de bañarse, a la hora de hacer todo, porque el
niño está en la edad en que va un poco en oposición a lo
que le piden sus padres. Esto es un intento de afirmar
su identidad por primera vez, quiere ser él, quiere hacer las cosas solo, empieza a decir no, no me ayuden, no
quiero, yo puedo solo. Ése es el primer grito de independencia y se va a manifestar en los momentos más
importantes de la vida del niño, como son la comida, la
hora de vestirse, la hora de dormir, la hora de bañarse o
cambiarse el pañal y otros hábitos de higiene.

A los dos años ocurren muchos cambios a nivel or-
gánico, que a su vez se traducen en cambios en el comportamiento. Esta etapa se caracteriza por el inicio de
un lenguaje más sofisticado, lo que le permite al niño
comunicarse con el mundo exterior de manera más efi-
ciente. A nivel motor, el niño de dos años también hace
grandes progresos y por primera vez ya no se siente
como un apéndice de sus padres, sino que empieza a
adquirir conciencia de su individualidad. El poder
hablar y desplazarse a su antojo le dan una gran fuer-

za, que al principio es casi desmedida. Al adquirir conciencia de que tiene independencia física, el niño la ejerce y quiere tratar de hacer todo solo. "Yo puedo, yo solo", es la frase más común en esta etapa.

Los niños de dos años tienen dentro un motor que los impulsa de una manera tan fuerte que a veces parecen pequeños huracanes. Sienten deseos de ensayar sus nuevas destrezas y pelean contra cualquier intento de los adultos por frenarlos. Están buscando su identidad, su puesto en el mundo, y lo están haciendo con las pocas habilidades que tienen. Se vuelven oposicionales porque los adultos permanentemente les dicen que "todavía no" o que "así no". No hay que abusar del "no" en esta etapa, pues eso perpetúa conflictos innecesarios. Hay que permitirles, dentro de lo posible, que ensayen pequeñas tareas como comer solo, aunque rieguen la mitad. Como padres, debemos permitirles el ensayo y el error y ayudarlos en lo que sea necesario.

Para que un niño aprenda a hacer algo solo, primero tiene que observar cómo se hace y luego ensayar, con la ayuda de los padres. Por eso es tan fundamental el apoyo y la ayuda de los padres en esta etapa, pues los dos años son uno de los momentos más críticos del desarrollo y si no lo sabemos aprovechar para beneficio del niño, éste puede desanimarse y volverse inseguro.

Con los niños de dos años hay que tener grandes dosis de paciencia, mucha energía física, una buena rutina de disponibilidad para permitirles cometer errores, decir "no" sólo cuando sea necesario y esperar a que esa época turbulenta pase pronto y lleguen los tres años, que es una edad deliciosa.

> **Mi niño de dos años se queda llorando cuando los papás salimos y eso nos hace sentir muy mal. ¿Es eso normal? ¿Qué podemos hacer para que no pase?**

Es normal que un niño llore cuando sus padres se alejan. Es más, eso es un buen indicador de inteligencia, pues muestra que el niño se da cuenta de que la persona que lo cuida se va y por lo tanto se siente desprotegido. El bebé sabe que sus papás lo quieren y echa de menos esa presencia afectuosa. Hay que entender que los niños pequeños no tienen el concepto de tiempo bien desarrollado, y por eso no pueden comprender que la ausencia sólo será temporal, ni anticipar cuánto tiempo van a estar alejados de sus padres.

Es muy importante despedirse del niño al salir. Muchos padres que trabajan se van sin decir nada y éste es un grave error, pues el pequeño empieza a desconfiar y piensa que su mamá o su papá se pueden desaparecer en cualquier momento y dejarlo solo. Es ahí cuando puede empezar el patrón de llanto descontrolado, que no es más que el producto de la desconfianza del niño. Además, esto puede afectar el vínculo mamá-hijo, porque el amor puede volverse angustioso para ese niño que no sabe cuándo puede o no creer en su madre. Siempre hay que decirle al niño "ya vuelvo", "no me demoro" o "nos vemos más tarde", para que él sepa la verdad: que la mamá se va ausentar por un rato, pero que va a volver. Aunque esto produzca un poco de llanto, a la larga le aportará grandes beneficios psicológicos al bebé.

Si a pesar de decirle que usted se va pero que va a volver, el niño continúa llorando al despedirse, no se preocupe. Esto puede ocurrir durante un tiempo, hasta que el pequeño entiende realmente que su mamá sí va a volver. Hay que darle un tiempo para que se adapte a la nueva estrategia.

Por otro lado, hay niños de 1 a 3 años que lloran cada vez que los papás intentan dejarlos en un sitio nuevo, o cuando ven caras desconocidas. Algo de esto es bastante normal, pero si ocurre con demasiada frecuencia podemos estar ante otro tipo de problema. Se conoce como "ansiedad de separación" y se presenta en los niños que crecen muy pegados a su mamá, con altos niveles de dependencia. Si éste es el caso, es importante ir mostrándole al niño poco a poco que él sí puede estar solo y que nada le va a pasar. Esta situación es bastante frecuente en niños sobreprotegidos, a los que las mamás no los dejan hacer casi nada solos. El llanto permanente de este niño es entonces un aviso de que algo anda mal en materia de independencia. El pequeño debe ir aprendiendo poco a poco que no todo es peligroso y que puede confiar en otras personas. En estos casos ayuda darles un juguete, o algo de la casa o de sus padres, para que lleven consigo y les dé fuerza para hacer la transición de manera menos dolorosa.

> **Nuestro hijo de dos años se pasa todas las noches a nuestra cama y quiere dormir siempre con nosotros. He oído que eso es muy malo, pero no sé cómo manejarlo.**

Ésta es la inquietud más frecuente entre los padres. Es un hecho que a los niños, sobre todo a los más pequeños, les encanta dormir en la cama de los papás. No hay nada más atractivo para un niño que la cama de sus papás, y por eso sí hay que dejar que vengan a ella de vez en cuando. Es delicioso que la familia comparta alrededor de la cama de los papás temprano en la mañana o antes de acostarse, pero no se debe desarrollar la costumbre de que los niños duerman en ella, pues esto puede enviarles varios mensajes equivocados. En primer lugar, que no pueden dormir solos. En segundo lugar, que necesitan estar con los papás a toda hora, y en tercer lugar, que son intrusos en la relación de sus papás. Ninguno de estos mensajes es bueno para ningún niño. Los dos primeros refuerzan la dependencia y el tercero los hace sentir culpables.

Por otra parte, no hay nada más fácil que caer en la trampa de que el niño duerma con los papás sólo a veces, en situaciones especiales. Y digo que es una trampa porque esto se puede volver un hábito muy rápidamente. Por eso es bueno que, desde muy pequeño, el niño aprenda a dormir solo en su cuarto. Si no se logra establecer este hábito y el niño se pasa con frecuencia a la cama paterna, hay que sacarlo de manera cariñosa pero firme. Llevarlo de vuelta a su cama y acompañarlo un rato si es necesario, pero no permitirle que se quede toda la noche en la cama de los papás. Éste es un proceso lento, pues el niño va a tratar de que lo dejen quedarse; por eso durante el día hay que reforzarle el mensaje de que él puede dormir solo en su cama y que va a estar bien. Es importante preguntarle qué necesita para sentirse más tranquilo en su cama. Hable con el niño sobre sus temores nocturnos y lo que siente de noche, valide sus sentimientos pero, al mismo tiempo, déle la seguridad de que va a estar bien.

Cuando el hábito de dormir con los papás se extiende por varios años es más difícil convencer al niño de que duerma en su cama. En algunos casos habrá que acudir a estímulos tangibles, como premios y privilegios que irá ganando a medida que logre pasar la noche solo. Como en todo, lo importante aquí es persistir.

Tengo un niño de un poco más de dos años y ya estamos pensando en el control de esfínteres. ¿Cuándo es normal que un niño controle esfínteres? He oído de niños que se demoran mucho tiempo en hacerlo, ¿cuándo debemos preocuparnos los papás?

Por lo general el control de esfínteres comienza entre los dos y los tres años, a veces más temprano, pero lo importante es que se viva como un proceso natural. Los papás deben preocuparse si el niño ha tenido un proceso errático y ya tiene más de tres años y todavía no controla esfínteres, o si el niño que ya lo hacía de pronto retrocede. Los niños que tienen algún retraso en el desarrollo motor pueden demorarse un poco más en lograr este control, pero en esos casos hay que mirar al niño de manera integral y medir su desarrollo proporcional en cada área.

Hay niños que tienen un desarrollo normal en todas las áreas, pero que siguen mojándose en los pantalones por un tiempo prolongado. Esto es lo que se conoce como enuresis. Un niño con enuresis es un niño que se orina en los pantalones con frecuencia, que no puede controlarse o no alcanza a llegar al baño. Cuando se presenta sola, como un síntoma aislado, la enuresis no debe preocupar a los padres. En algunos casos es un problema casi hereditario y se ven muchos niños que tienen enuresis hasta los diez o doce años porque en su familia hay antecedentes de personas que también se demoraron mucho tiempo en controlar esfínteres. Si el niño no presenta ninguna otra sintomatología, usted puede llevarlo, si quiere, al urólogo para ver si hay algún problema fisiológico, pero lo mejor es dejarlo en paz, sin prestarle mucha atención, y tarde o temprano dejará de orinarse. Pero si éste es un problema que inquieta mucho a los padres, hay en el mercado una serie de programas que manejan los psicólogos conductistas y que son muy útiles para ayudarle al niño a controlar esfínteres.

Por otro lado, hay toda una teoría según la cual la enuresis de un niño de, digamos, cuatro años, que se sigue orinando de manera regular durante el día o por la noche, es síntoma de que algo no anda bien en la relación que el niño tiene con su papá. En estos casos la enuresis sería lo que llamamos en psicología un *acting out*, una actuación que busca comunicar una necesidad psicológica: el niño se orina para llamar la atención del padre. El problema es que ése es un acto inconsciente y al repetirlo una y otra vez, el niño termina por producir el efecto contrario y despertar el rechazo de quienes lo rodean.

Los niños con baja autoestima y muy ansiosos también pueden presentar enuresis. Éstos son niños que no se pueden controlar y se orinan en el colegio y en la casa por igual. Cuando un niño está muy inquieto o angustiado por algo, por ejemplo después de la separación de sus papás, puede volverse a mojar en los pantalones, pues es su manera de expresar la angustia.

También hay niños que no controlan las ganas de hacer popó y se hacen en los pantalones. Esto se conoce como encopresis y, al igual que la enuresis, puede ser un síntoma, aunque mucho más serio, de que algo no anda bien a nivel psicológico. Por lo general la encopresis es un problema más difícil de manejar, pues despierta mucho más rechazo. Se presenta con frecuencia en niños con problemas de psicosis, es decir niños que tienen problemas manejando la realidad. También en niños que se sienten agredidos o maltratados en algún sentido y que expresan su inconformidad a través del acto agresivo de ensuciar los pantalones.

En general, cuando cualquiera de estos dos problemas se presente durante un tiempo prolongado, a menos que haya antecedentes familiares de un control de esfínteres tardío, vale la pena consultar a un especialista y tratar de encontrar las causas para ayudar al niño a liberarse de un comportamiento que le traerá muchos ratos desagradables, sobre todo a medida que vaya creciendo.

> **Mi hija está llegando a la edad en que todos sus compañeritos del jardín infantil están empezando a dejar los pañales. ¿Podría darnos algunas pautas o estrategias para comenzar este entrenamiento y tener buenos resultados?**

Primero que todo hay que entender que cada niño está listo fisiológicamente para dejar los pañales en un momento diferente. La edad usual para empezar a controlar esfínteres es entre los dos y los tres años, pero unos se demoran más que otros.

Este proceso se debe iniciar cuando uno ve que el niño empieza a pedirlo. Claro que también hay que mostrarle cómo se hace y hacer de la ida al baño una cosa agradable. Se debe empezar poco a poco, en la medida en que uno vea que al cambiarlo, el niño tiene el pañal seco. De ahí en adelante lo mejor es seguir las pautas que va marcando el mismo niño.

No hay que dejarse influenciar por el desarrollo de los otros niños. Aquí lo importante es que el niño no se sienta presionado, sino que se le respete su ritmo y evolución natural. También es fundamental evitar todo tipo de comentarios burlones o censuradores, pues eso puede marcar al niño por el resto de la vida.

Tengo un niño de dos años y medio, que en general es tranquilo, pero de un tiempo para acá ha comenzado a hacer pataletas cada vez que llega la hora de comer o de bañarse o de irse a dormir. ¿Cuál es la mejor manera de manejar estas reacciones?

Entre los dos y los tres años el niño desarrolla un sentido de quién es él y empieza a hacer una cantidad de actuaciones que lo afirman como una persona independiente de sus padres. Hasta esa edad el niño se siente como una prolongación de ellos y todavía no tiene claro que él es una persona aparte y autónoma. Cuando lo descubre, comienza a alejarse de los padres y a explorar el mundo y por eso sólo quiere hacer su voluntad. Es ahí cuando empiezan las pataletas, que no son otra cosa que la manifestación de ese tire y afloje entre unos niños que quieren ser autónomos y unos papás que no los quieren soltar.

A esta edad el niño comienza a decir "yo solito" y quiere comer solo, aunque todavía derrama la comida; quiere vestirse solo, aunque todavía no puede hacerlo, quiere bañarse solo y así sucesivamente. Es importante apoyarles de alguna manera estos actos de independencia y permitirles que hagan algunas cosas solos, ayudándoles sólo cuando sea imperativo o cuando quieran hacer algo que represente algún tipo de riesgo.

El niño obviamente va a llorar cuando uno le ponga un límite a algo que quiere hacer. Puede morder o pegar, y en general se va a poner muy bravo y puede hacer una pataleta. A esta edad la intensidad de las emociones de un niño es asombrosa y por eso las pataletas son tan difíciles de manejar. Pero los padres tenemos que actuar con mucha firmeza y decirles de la mejor manera posible: "Es la hora de bañarse y vestirse porque hay que salir...", o "Mira, te dije que no podías hacer eso porque te puedes caer o porque te puedes hacer daño...", o "No le puedes pegar a tu hermano... y si quieres llorar, llora, pero no lo puedes hacer", y seguir con lo que haya que hacer sin prestarle atención a la pataleta, así tarde o temprano el niño se cansará y se plegará a las órdenes del papá.

Nunca me cansaré de insistir en la importancia de no reforzar las pataletas de los niños. Los padres tenemos que ser muy fuertes en estas situaciones y nunca caer en la tentación de atender las pataletas, porque si cedemos aunque sea un poquito ante una pataleta, el niño podrá entender que ésta es una forma de lograr lo que quiere y seguir usando este mecanismo cada vez que algo no le guste. Obviamente el niño tratará de ensayar muchas veces esta estrategia, pero si usted se mantiene en la decisión de hacer caso omiso de las pataletas, el niño terminará por entender que usted es el que tiene el control y que no tiene caso todo ese derroche de energía. De la fortaleza que demostremos en esta etapa dependerá que después podamos llegar a etapas más amables, que todos disfrutaremos más.

> **Mi hijo de tres años es muy voluntarioso y sólo quiere hacer lo que a él le parece. Al comienzo mi esposo y yo tratamos de razonar con él, pero después de un rato nos saca de quicio y vivimos peleando. ¿Cómo podemos hacer para que nos obedezca sin tanta pelea?**

Como dije en la pregunta anterior, aproximadamente entre los dos y los tres años los niños pasan por la edad de la independencia, del "yo solito", y es ahí cuando se presentan las famosas pataletas, los gritos y las rabias, y el niño sólo quiere hacer su voluntad.

Nuestro deber como padres en esta etapa es mostrarle al niño la manera adecuada de comportarse y eso sólo se logra si mantenemos el control y, como dije anteriormente, hacemos caso omiso de la pataleta. Sin embargo, los papás no somos de palo y con mucha frecuencia reaccionamos con furia ante estas explosiones de los niños y podemos caer en la tentación de pegarles, por ejemplo. Pero ésa es una respuesta muy inadecuada y puede ser el principio de conductas violentas que sólo producen daño a unos y otros. Siempre que estemos en uno de estos momentos hay que recordar que nosotros somos las papás, que somos la autoridad y que nos corresponde orientar a nuestros hijos sobre la manera de comportarse.

Una estrategia muy buena es dejar a los niños solos un momento cuando están en la mitad de una pataleta. Eso es lo que se conoce como *time-out* y consiste en darle al niño un tiempo para apaciguar sus emociones. Usted volverá unos minutos después, cuando tanto él como usted se hayan calmado y así se evitará la pelea.

Otra buena recomendación es fijarse un tope para el número de veces que uno le repite una orden a un niño, tope después del cual uno hará cumplir la orden así el niño haga pataleta. Tres veces es un buen número, y si después de decirle tres veces que vaya a acostarse el niño se sigue negando, usted debe llevarlo de la mano y, sin caer en la tentación de entrar en la pelea, dejarlo en su cuarto acostado, así se quede llorando y gritando. De esta manera el niño entenderá que si no hace lo que uno le ordena, esto traerá una consecuencia, y que no es por medio de comportamientos voluntariosos y violentos como se logra la independencia.

Tengo un niño de tres años y todo el tiempo estoy comparándolo con los hijos de mis amigas y conocidas para ver qué tan adelantado va. ¿Cuáles son los indicadores de desarrollo básicos a los tres años?

Cuando uno está criando a su primer hijo, por lo general no tiene ningún parámetro para saber si el niño va bien o va mal con respecto al desarrollo, fuera de la observación de los otros niños. Y siempre y cuando no termine estableciendo una competencia malsana, yo creo que es bueno el hábito de observar a los hijos de los demás, porque uno sabe intuitivamente en qué está rezagado su hijo cuando lo ve jugando con otros niños, o cuando lo ve en el jardín preescolar, así uno quiera matar a la maestra si le dice algo malo. La verdad es que los padres debemos ser realistas y comprender que nuestros hijos son seres humanos con áreas en las que son fuertes y áreas en las que son débiles, y cuanto más rápido los conozcamos más pronto podremos apoyar sus talentos y ayudarlos a trabajar en sus áreas débiles.

A los tres años hay que concentrarse principalmente en tres áreas. En primer lugar, en el desarrollo del lenguaje; en segundo lugar, en la habilidad motora y, en tercer lugar, en el desarrollo de la parte social.

Cómo va el lenguaje del niño es clave. A los tres años un niño debe tener un lenguaje que le permita expresar sus necesidades. Por lo general, los niños de esta edad usan frases cortas, lógicamente construidas y en orden, aunque cometan algunos errores gramaticales o errores de pronunciación. La "rr", por ejemplo, es un fonema muy difícil de pronunciar, y a veces no llegan a hacerlo sino hasta los cuatro años. También pueden cometer errores en la conjugación de los verbos, como decir "yo sabo", aunque progresivamente van disminuyendo esos errores. El vocabulario es reducido, pero crece día a día, y también a esta edad los niños deben comenzar a ser capaces de narrar o contar algo.

Para tener una idea clara de cómo va el proceso de desarrollo del lenguaje, en psicología se usa un ejercicio sencillo que consiste en que el niño repita tres palabras no relacionadas en orden por solicitud de un adulto. El niño que es capaz de hacer eso muestra que su proceso audio-verbal va por buen camino. Lo más importante aquí es que el proceso fluya y vaya mejorando cada día, aunque sea lento. Hay que alarmarse sólo si se nota un estancamiento o un deterioro.

En cuanto a la parte motora, el desarrollo de esta área es fundamental a los tres años. Un niño que a esta edad es muy verbal pero no se mueve está mostrando que algo no anda bien. En los primeros cinco años de vida el área bandera de desarrollo es la motora y a un niño que tenga problemas allí hay que prestarle atención muy rápidamente y estimularlo a través de actividades que propicien el movimiento, como salir regularmente al parque o al campo, o iniciarlo en un deporte.

A los tres años el niño ya tiene que estar bajando bien las escaleras, alternando las dos piernas; debe poder nadar y por eso, si es posible, es bueno inscribirlos en clases de natación; debe poder saltar bien, columpiarse y mantener el equilibrio por un rato. En cuanto a lo que se conoce como motricidad fina, un niño de tres años ya empieza a agarrar bien un crayón o un lápiz grueso, y comienza a hacer una figura humana que no tiene cuello ni cuerpo, sino que es como una cabecita de la que salen los brazos y las piernas, una "arañita", como la llamamos en psicología.

En lo que se refiere a la parte social, tenemos que mirar cómo se está empezando a relacionar el niño con los otros, porque hasta los dos años y pico el niño juega paralelamente, es decir que no interactúa con los demás. Pero ya a los tres años, cuando empieza a ir a otros sitios, comienza a interesarse por los otros niños, aunque siga un poco temeroso. Ya es capaz de compartir sus juguetes y puede jugar con otros niños durante 5 a 15 minutos, aproximadamente, antes de cambiar de actividad. También puede empezar a mostrar ciertas preferencias en sus amistades, lo que muestra que está comenzando a manejar bien sus emociones alrededor de sí mismo y de los demás y que tiene una buena autoestima.

Entonces, si uno ve que su hijo está hablando y expresándose bien, que se está moviendo y está aprendiendo a manejar su cuerpo y que está empezando a relacionarse bien con los demás, puede estar tranquilo. Además, los padres debemos confiar en nuestra intuición, porque aunque no podamos expresarnos con los términos precisos y a veces necesitemos la ayuda de un experto, tenemos unas antenas especiales para captar los problemas de nuestros hijos y siempre sabemos en el corazón cuando las cosas no están andando bien.

Si ése es el caso, mi consejo es que busque enseguida la ayuda de un profesional que le ayude a definir el problema y a diseñar la manera de comenzar a ayudar al niño cuanto antes, porque hoy día se sabe que cuanto más temprano se enfrenten los problemas de un niño, más altas serán las posibilidades de recuperación. Cuando somos capaces de enfrentar un problema motor antes de los tres años, por ejemplo, la posibilidad de recuperación es casi total y el niño puede llegar a la adolescencia sin secuelas. Por eso, si hay algo que nos preocupa, lo mejor es hacerle caso a la intuición y buscar ayuda inmediatamente.

> **Mi niña de tres años es muy temerosa. Se asusta con algunos muñecos, con los payasos y con otras cosas inesperadas. Esto me irrita mucho y me preocupa, porque no me gusta la gente asustadiza.**

No hay que irritarse por los temores de los hijos; los niños son seres humanos como nosotros, que expresan de diferentes maneras sus emociones, y el temor es una manifestación que hay que aceptar. Además, es importante que los padres sepan que con frecuencia los temores van asociados a la capacidad intelectual y, cuanto más inteligente es un niño, más temeroso puede ser.

El temor a los payasos, por ejemplo, puede estar asociado con la capacidad de fantasear de los niños. Muchos niños de tres años les tienen miedo a los payasos, a Papá Noel y a los disfraces en general. Los tres años son la edad de las fantasías y no sabemos qué fantasías puedan despertarle estos muñecos a un niño y por eso debemos respetar sus temores.

Como dije al comienzo, los temores son inherentes al ser humano. Son un mecanismo de defensa ante lo que se considera un ataque. Sin temor, la especie humana no podría sobrevivir. Los temores son lo que nos mantiene alerta y nos pone en guardia. Hay ciertos temores universales, como el miedo a la oscuridad o a perder el afecto. Éstos se despiertan a los tres años y llegan a su pico alrededor de los seis o siete años. No hay un solo niño que no se asuste, aunque sea un poco, ante los "monstruos" que ve en la oscuridad de su alcoba. Tampoco existe un niño al que no le dé "miedo" quedarse sin papá o sin mamá. Desde los tres años los niños tienen conciencia de que algo "malo" les puede pasar y se defienden como mejor pueden.

Dicen los psicoanalistas que los "monstruos" de la noche son productos de una fantasía necesaria para poder combatir algo "tangible", ya que la oscuridad es algo inexplicable para un niño. Sólo enfrentándose a estas pesadillas los pequeños se fortalecen y por eso hay que pedirles que hablen del monstruo o de la pesadilla que tuvieron, para poder combatirla y vencerla. La repetición va a ser el arma triunfadora y ésa es la razón por la cual los niños combaten, a través de los juegos, todo lo que perciben como enemigo o amenazante. En ese sentido es bien importante permitirles jugar a los "buenos y a los malos", como ha hecho la humanidad desde siempre.

> **Mi hijo de tres años tiene una marcada preferencia por su mamá y a veces yo me siento excluido. ¿Es eso normal?**

Ésta es una pregunta que escucho con frecuencia no solamente en conferencias sino en consulta. Por lo general los papás tienden a trabajar más intensamente que la mamás y, por tanto, a pasar menos tiempo con los niños. Naturalmente esto hace que los niños se sien-

35

tan más apegados a su mamá y muchas veces, cuando el niño llega a los tres años, los papás empiezan a preocuparse por ese desequilibrio en la relación, e impulsados por el temor de perder a sus hijos tratan, de una manera un poco caótica y desaforada, de ganarse el amor de los niños de un momento a otro.

A estos papás siempre les aconsejo que no se desesperen y tengan paciencia, que aún están a tiempo para ganarse el afecto de sus hijos, pero que ése es un proceso que toma tiempo y que sólo se logra pasando más tiempo con ellos y estableciendo una vinculación importante a través de algún proyecto o de un juego especial. De esta manera, y sobre todo a través de la presencia permanente, el niño irá entendiendo la rutina y que aunque no vea a su papá tanto como a su mamá, siempre puede contar con él.

Otra recomendación importante para estos papás es que estudien bien el carácter de sus hijos, que a los tres años ya está definiéndose, y aprendan cuáles son sus preferencias, las cosas que les interesan, para que puedan planear actividades que los dos disfruten.

Para los niños es fundamental contar en la vida con sus dos padres y por eso es muy importante que el papá nunca renuncie a tener un vínculo fuerte con sus hijos. En psicoanálisis, Freud habla mucho de que en esta edad, entre los tres y los cuatro años, es cuando se desarrolla el famoso complejo de Edipo, es decir, que el niño se enamora de su madre. Pero cuando el niño siente la presencia cercana de un padre amoroso, entiende que sus papás son dos y que aunque sienta una atracción especial hacia su madre, ahí también está su papá, con el cual puede compartir cosas distintas y que le ofrece un modelo de comportamiento masculino. Para tener una vida equilibrada todos necesitamos ver y conocer de todo un poco y por eso es importante no descuidar nunca la relación de los niños con su papá.

> **Mi hija de cuatro años prácticamente rechaza a su papá, aunque él es bastante amoroso con ella. ¿Qué puede estar pasando ahí?**

Aunque no es muy corriente, a veces he visto casos de matrimonios que en apariencia funcionan muy bien, pero en los cuales tanto papá como mamá tienen personalidades tan fuertes y tan opuestas que los hijos terminan alineándose con uno u otro, porque los niños tienden a ver el mundo en blanco y negro.

Éste puede ser su caso y probablemente su hija, que debe identificarse más con usted porque es la mamá y porque quizás tiene un temperamento más compatible con el suyo, siente que la manera de reforzar la alianza con usted es rechazar a su papá. Aquí sería importante revisar su relación con su cónyuge y descubrir entre los dos qué puede ser lo que está despertando en su hija esta necesidad de inscribirse en uno u otro bando, porque siente que no puede estar bien con los dos al mismo tiempo.

Que una niña rechace a su papá es una situación que nunca se debe fomentar y que hay que atacar rápidamente, quizás con la ayuda de un especialista, porque de la relación que la niña tenga con su padre dependerá una buena parte de su felicidad futura como mujer, a la hora de elegir una pareja y formar una familia.

> Tengo una hija de dos años y medio y estoy preocupada porque cuando la veo con otros niños pareciera que prefiere jugar sola, pero en cambio en la casa habla todo el tiempo de una cantidad de amigos imaginarios. ¿Es eso normal? ¿Cuándo empiezan los niños a jugar con otros? ¿Cuándo se les debe invitar amigos a la casa?

A los dos años el niño todavía no socializa muy bien. Le interesa mucho ver y estar con gente, pero no es capaz de interactuar por un tiempo prolongado. Entre los dos y los tres años se presenta lo que se conoce como "juego paralelo", que es aquél en el que el niño juega al lado de otros, pero no con ellos. Los pequeños de dos años juegan mucho solos, inventan cosas y únicamente a ratos juegan con los adultos o con otros niños.

La socialización como tal sólo empieza alrededor de los tres años. En ese momento el niño ya tiene la capacidad de jugar y estar un buen tiempo con otros. Por eso es que a esta edad un niño debe entrar al preescolar, pues se beneficia mucho de estar con más niños. El juego del niño de tres a cuatro años es mucho más rico en elementos, pero todavía puede haber algo de juego paralelo. En estas edades también aparecen con mucha frecuencia los "amigos imaginarios", que son un producto de la fantasía del niño. Esto es sano y hay que seguirle la corriente, pues los amigos imaginarios están al servicio de necesidades inconscientes del niño, lo mismo que otras fantasías que se inventa. Ésta es una etapa necesaria y positiva en el desarrollo de los niños y algunos van a necesitar esos recursos fantasiosos más tiempo que otros. Alrededor de los seis o siete años la fantasía desaparece casi en su totalidad y el niño ya es capaz de hacer mejores juicios de realidad.

Recuerde que es importante y provechoso que su hijo tenga fantasías de toda especie. El desarrollo de la creatividad y la imaginación es un elemento clave de estas edades, pues es de sus experiencias fantasiosas que el niño va a derivar fuerza psicológica para enfrentar la realidad. Hay padres que se asustan cuando ven a sus pequeños inventando personajes o juegos, pero esto no debe ser motivo de preocupación, pues es una etapa transitoria, que irá desapareciendo gradualmente.

Desde los tres años en adelante es bueno invitarle amigos a la casa, pues de esta manera el niño socializa y aprende a compartir su espacio y sus cosas. Sin embargo, no soy partidaria de invitar más de un amigo a la vez, pues ya sabemos que los triángulos propician las peleas.

¿Hasta qué edad es prudente bañarse con los hijos?

Bañarse con los hijos es un ritual que les sirve mucho tanto a los padres como a los niños y se puede practicar sin tropiezos hasta los seis o siete años, aproximadamente. Después ya no porque, cuando los niños están más grandes, el baño con los papás se puede volver una "estimulación sexual" innecesaria.

Por lo general los mismos niños son los que marcan el momento en que se debe parar, pues comienzan a fijarse más de la cuenta en el cuerpo del padre o de la madre, quieren tocar constantemente o hacer una y otra vez las mismas preguntas sobre los genitales. Esto indica claramente que al niño ya no le hace bien bañarse con los papás.

> **Tengo una niña de cuatro años y permanentemente recibo quejas, tanto de parte de la persona que la cuida como del colegio, de que es brusca y trata mal a todo el mundo. ¿Cómo puedo manejar esa situación?**

Si a usted le cuentan que su hijo es un patán, que les pega a los otros niños, que le grita a la niñera y que es grosero con toda la gente que lo rodea, tiene que abrir los ojos enseguida y hacerle frente a este problema.

En primer lugar debe revisar el entorno del niño para ver si hay algo que lo puede estar volviendo agresivo, algo que le pueda estar causando una gran frustración y lo pueda estar llenando de rabia. Como el niño no tiene todavía un control adecuado de sus emociones, es natural que exprese ese sentimiento de frustración a través de comportamientos violentos y ataques contra las personas que lo rodean.

El segundo paso sería revisar también los esquemas de relación que hay en su familia. Fíjese bien cómo se tratan usted y su marido y cómo tratan a la gente que los rodea. A veces las familias desarrollan un trato muy agresivo en casa y se acostumbran tanto a eso que ya no se dan cuenta cuándo pasan el límite.

En tercer lugar hay que revisar qué programas de televisión está viendo su hijo, pues sabemos que éstos son algunos de los modelos de comportamiento más fuertes que tienen los niños.

Por último, es muy importante que usted hable con su hijo acerca de esto. Decirle: "Me han dicho que estás tratando mal a los demás, y eso no me gusta". Mostrarle claramente que usted piensa que ése es un comportamiento inaceptable y que la próxima vez que reciba una queja, el niño tendrá una sanción que se cumplirá. Hay que desenmascarar el problema para que el niño sepa que hay esa percepción de él y empiece a ser más consciente de su comportamiento. Pregúntele, por ejemplo, por qué o, más importante, para qué se porta de esa manera, de qué le sirve, pues aunque todavía está pequeño, el niño ya puede empezar a reflexionar sobre sus actuaciones.

> **Nos vamos a mudar pronto de casa y mi hijo de cinco años anda muy necio y llorón. ¿Tendrá ese comportamiento que ver con la mudanza?**

Claro que sí. Los niños necesitan saber con qué cuentan y los cambios los asustan. Ante la perspectiva de una mudanza, el niño se pregunta cómo irán a cambiar las cosas y por lo tanto empieza a manifestar su ansiedad de la mejor manera que conoce, que es llamando la atención.

La mejor manera de enfrentar una mudanza es explicarle al niño lo que va a pasar unos cuantos días antes, pero no con mucha anticipación, pues como sabemos, el niño no tiene todavía un concepto claro de tiempo y contarle demasiado pronto sólo le causará más ansiedad. Hay que contarle que viene un cambio y explicarle de la manera más explícita posible en qué va a consistir ese cambio, que va a tener otro cuarto y, si es posible, llevarlo con anterioridad a la nueva casa y dejarlo que esté allí un rato para que la vaya conociendo.

Una cosa muy importante es que el niño necesita llevar lo que se llama en psicología "objetos de transferencia". Éstos son objetos que le permiten al niño transferirse de un sitio a otro sin tanta ansiedad. Por medio del objeto de transferencia el niño se siente más seguro para enfrentar las cosas desconocidas. Nunca permita que todo sea nuevo para el niño. Preocúpese por llevarle por lo menos sus juguetes más preciados, su osito o algún mueble especial.

Por último, nunca olvide validar los sentimientos del niño escuchándolo y diciéndole que entiende que puede tener un poco de miedo, pero que pronto irá conociendo el nuevo sitio y se irá sintiendo mejor.

> Creo que mi hijo de cinco años está deprimido. Hace unos meses murió mi madre y el niño no parece haberse recuperado de esa pérdida todavía. Se ha vuelto muy retraído y parece siempre triste. ¿Es posible que un niño de esta edad esté pasando por una depresión?

Las situaciones que representan cambios drásticos en la vida de un niño de cuatro o cinco años, como la pérdida de un ser muy querido, o la separación de los padres, o un revés económico familiar que ha traído muchos cambios en la cotidianidad, en efecto pueden afectarlo de una manera importante y producirle una depresión. A esta edad los niños presentan una serie de síntomas que no son muy claros y que pueden confundirse con una reacción normal ante una situación difícil, pero cuando esos comportamientos se prolongan demasiado, es bueno prestar atención y consultar con un especialista.

En primer lugar hay que observar si el niño comienza a hacer algo que no acostumbraba hacer antes, como comerse las uñas o meterse los dedos a la boca, o si tiene una especie de regresión y vuelve a orinarse en los pantalones después de que ya había dejado de hacerlo de manera regular, o comienza a hablar de nuevo como un bebé después de que ya hablaba bien.

Otro síntoma puede ser que el niño vuelva a presentar miedos ya superados, como el temor a la oscuridad, a un animal o a los monstruos, y sufrir de pesadillas recurrentes y muy intensas. También hay niños que se vuelven muy inseguros y quieren estar todo el tiempo pegados a un adulto, y otros que se vuelven irritables y empiezan a tener rabietas y a gritar y pelear con los compañeros.

Otra manifestación frecuente de un problema emocional son las quejas constantes. El niño empieza a decir que se siente mal, que le duele acá, le cambian los dolores, un día es el estómago, otro la garganta y así sucesivamente. Y por último está el retraimiento, el niño que se niega a ir a la escuela, que no quiere jugar, que no quiere hacer nada y que termina aislándose de su entorno.

Un niño que presente dos o tres de estos síntomas: regresión, miedo, inseguridad, irritabilidad, quejas frecuentes o retraimiento, puede estar atravesando por un problema emocional que amerita una intervención. No necesariamente significa que esté deprimido, pero puede estar demasiado ansioso o estar bajo mucho estrés. Es importante tener en cuenta que aquí estamos hablando de manifestaciones exacerbadas de estos comportamientos que, por lo demás, pueden ser normales en niños de esta edad. Es decir que no hay que alarmarse si su niño de cinco años tiene algunos miedos o se moja en los pantalones ocasionalmente. Pero si esto sucede de manera recurrente y exagerada, durante más de dos o tres semanas, y se suman dos o tres de estos comportamientos, hay que buscar ayuda.

Una vez usted esté seguro de que hay un problema, debe comenzar a buscar el origen de esa angustia o esa tristeza, y hablar mucho con el niño, estar siempre disponible para él, y validar sus sentimientos, de manera que el niño se sienta querido y apoyado y no rechazado.

> **Tengo un hijo de cinco años y el otro día lo sorprendí jugando al médico con un amigo y tocándose mutuamente los genitales. Eso me impresionó mucho y me preocupa que mi hijo pueda tener alguna desviación sexual.**

Es lógico que una mamá se intranquilice frente a esta situación, especialmente si se trata de su primer hijo. Por eso lo primero que quisiera hacer es decirles a todos los padres que la exploración sexual es parte normal del desarrollo de los niños y que los papás debemos aprender a responder adecuadamente a esta manifestación del aprendizaje sexual, sin escandalizarnos ni penalizar estos comportamientos. El sexo debe ser incorporado a la vida de los niños de la manera más natural posible y nuestro ejemplo y nuestras reacciones frente a él van a tener un impacto definitivo.

La curiosidad natural impulsa a los niños a explorar si los demás tienen el mismo cuerpo que él y cuáles son las diferencias entre los niños y las niñas, y esta exploración incluye mirar y tocar y conocer de manera directa qué pasa con su cuerpo. Por eso no debemos impresionarnos negativamente ni juzgar mal a nuestros hijos por una situación de ésas, sino explicarles que entendemos que sientan curiosidad por su cuerpo y el de los demás, pero que eso es algo que no se puede hacer a toda hora. Si usted quiere puede preguntarle al niño por qué lo estaba haciendo, y cuando el niño le explique sus razones, olvidar el asunto sin darle más importancia.

Infortunadamente en nuestra sociedad todavía hay mucho tabú alrededor de la sexualidad y una situación como ésta confronta mucho las creencias de los padres acerca del sexo y la manera como quieren manejar este tema con los hijos. Sin embargo, hoy la sexualidad es un tema mucho más abierto y se maneja con mayor naturalidad que en épocas anteriores, y por eso nos corresponde a nosotros ilustrar a nuestros hijos acerca de este tema, porque si no serán los medios de comunicación los que lo hagan. Es importante que seamos los padres los que hablemos con ellos, los que marquemos las pautas, los que contestemos sus preguntas. Y si por alguna razón usted, como madre o como padre, se siente muy incómodo para tratar el tema de la sexualidad con su hijo de una manera abierta, debe revisar su propia posición frente al tema y tratar de cambiar esas creencias inadecuadas. Sólo así podrá enfrentar la sexualidad de sus hijos de una manera correcta.

Por otra parte, hoy día existen muchos libros sobre sexualidad infantil que usted puede consultar para tranquilizarse e informarse, y además los colegios tienen currículos completos sobre educación sexual en los que los padres se pueden apoyar. Y si todavía persisten las dudas, pueden buscar la asesoría de los psicólogos o consejeros del colegio, que con seguridad podrán ayudarle a manejar este tema con sus hijos.

Pautas generales para manejar a los niños en edad preescolar

1. Establezca rutinas para su hijo. Mantenga un horario lógico y regular para las comidas, el baño, la hora de dormir, el juego y todas las actividades.

2. Hable con su hijo sobre todo lo que a él le interese: sus amigos, sus juegos, sus fantasías. Háblele también sobre sus cosas para que él aprenda a escuchar. Los niños aprenden a hablar en la casa y un buen lenguaje les brinda una buena base para aprender a leer, escribir y pensar.

3. Juegue mucho con su hijo y hagan actividades que lo estimulen a pensar, a desarrollar vocabulario y a moverse.

4. Permítale tener fantasías y estimule su imaginación.

5. Léale mucho y cuéntele una y otra vez las historias que él quiere escuchar.

6. Vaya enseñándole poco a poco a ser autónomo y estimúlelo a vestirse, bañarse y comer solo. Tenga en cuenta que esto es un proceso lento y sea paciente.

Preguntas y respuestas sobre niños en edad escolar

Cuando no sepa qué hacer, actúe desde el corazón. Está comprobado que el instinto materno y paterno es bastante acertado.

Tenemos un niño de cinco años y hacerlo dormir es un problema. ¿Podría darnos alguna recomendación práctica para enseñarle buenos hábitos de sueño?

Los problemas para dormir son muy frecuentes en los primeros años. Todos los niños quieren quedarse despiertos por más tiempo y todos libran una batalla contra el sueño. Es como si su evolución les pidiese estar alerta. Sin embargo, un niño al que se le ha inculcado una rutina clara y atractiva para irse a dormir (en su cuarto, con un cuento o una canción, por ejemplo), va a lograrlo sin peleas por ahí a los cuatro o cinco años.

Las dificultades se presentan cuando el bebé duerme con los papás hasta grande, cuando se le permite pasarse a la cama de los padres, o cuando no hay un horario fijo o no se aplica ese horario con firmeza. En estos casos hay que convertir la hora de dormir en algo placentero, nunca en una pelea, e ir creando poco a poco una rutina agradable y estable, que le permita al niño ir bajando la cantidad de energía y dormirse tranquilamente.

¿Puedo llevar a mi hijo de seis años a ver películas de miedo?

La verdad es que es mejor no llevar a niños tan pequeños a películas de miedo, especialmente si son muy sensibles. Esto puede ocasionarles temores innecesarios y pesadillas. Entre los cinco y siete años, más o menos, se exacerban los miedos y por lo tanto hay que ser más cauteloso. El hecho de que una película esté de moda y todo el mundo vaya a verla, no quiere decir que sea lo más apropiado para su hijo.

Aunque es cierto que los niños tienen que exponerse al miedo para poder derrotarlo, no pueden enfrentar gran cantidad de miedos, todos a la vez. Fíjese, por ejemplo, que los cuentos clásicos siempre incluyen *un* "episodio miedoso"; éste le ayuda al niño a aprender a distinguir entre lo bueno y lo malo y a enfrentar el temor. Pero lo que no es bueno es sobreexponer a los niños a gran cantidad de escenas y personajes miedosos, como suele suceder con las películas de terror.

Si vemos que nuestro niño está pasando por una etapa de pesadillas, no hay que arriesgarse a que se ponga peor. Hace unos años hubo muchos niños traumatizados por una película titulada *Chucky*, cuyo personaje principal era un muñeco diabólico. Cuando un niño es expuesto a una película con tantos compo-

nentes de miedo y engaño, se corre el riesgo de que todos los otros temores naturales queden concentrados
alrededor de esa cinta. Llevar a los niños a muchas películas de miedo es un sufrimiento para ellos y para
ustedes, como padres, que no fortalece sino que, por el
contrario, puede debilitar más a los pequeños.

Si usted conoce bien a su hijo, algo le dirá si es conveniente o no llevarlo a determinada película. Otra recomendación importante es elegir películas de las cuales conozcamos de antemano algo de la trama y lo que
se va a ver, con el fin de evitar sorpresas desagradables.

Mi hijo de seis años se toca los genitales todo el tiempo y se masturba con frecuencia. ¿Eso es normal?

Como dije anteriormente, es normal que los niños ex-
ploren su cuerpo, pero si empiezan a hacerlo con mucha frecuencia, tenemos que mirar si esto no será una
manifestación de algo que no anda bien.

Lo primero que hay que hacer es decirle al niño que
creemos que se está tocando mucho los genitales y preguntarle qué pasa, por qué lo hace y para qué. Lo más
probable es que el niño no pueda contestar el primer
día, pero a la segunda o tercera vez que se le pregunte

algo dirá y por ahí se puede iniciar la búsqueda de lo que está causando esta conducta irregular.

Un niño que se está tocando mucho los genitales probablemente ya pasó de la etapa exploratoria y ha convertido la manipulación de los genitales en una conducta repetitiva que puede obedecer a algún factor físico o psicológico. Por eso la pregunta que busca desenterrar esta causa puede acompañarse de la estrategia de darle al niño algo que hacer con las manos, de manera que se distraiga con otra cosa y vaya abandonando el hábito de tocarse. En los colegios, por ejemplo, donde es muy frecuente la masturbación infantil, se usa con mucho éxito la estrategia de mostrarle al niño, por un lado, que éste no es un comportamiento adecuado para un sitio público, la prueba es que ninguno de sus compañeros lo hace, y por otro lado, darle plastilina o algo para que juegue con las manos cuando está ansioso y no tenga que recurrir a tocarse el cuerpo.

Por otra parte, es importante saber que entre los seis y los siete años se alcanza el desarrollo total de la parte táctil a nivel cerebral y por eso es frecuente que los niños empiecen a masturbarse a esta edad, porque están explorando una sensación nueva. Lo fundamental es que ese comportamiento no quede asociado a una necesidad insatisfecha del niño, pues ahí sí se comenzaría a gestar un problema.

Un niño que recurre a la masturbación para llamar la atención puede estar expresando un déficit afectivo y por eso es tan importante intervenir con rapidez cuando se crea que hay un problema, pero nunca juzgar al niño.

> **Mi mamá está enferma en el hospital con un cáncer terminal. Mi hijo de seis años la quiere mucho y estamos seguros de que le va a dar muy duro la muerte de su abuelita. ¿Qué debemos decirle? ¿Lo llevamos al hospital o no?**

Al niño hay que decirle la verdad. Desde luego, una verdad sencilla, sin muchos detalles. Decirle, por ejemplo: "La abuelita está enferma y lo más probable es que no se recupere". El niño se va a sentir muy triste y es posible que se le ocurran muchas preguntas, que ustedes deben contestar con la mayor honestidad y de la manera más clara posible, pero sin enredarse con cosas que el niño no va a entender.

Si él quiere ir al hospital a verla, llévenlo. Algunos niños prefieren no ir cuando oyen que la abuela está muy mal. Otros, por el contrario, quieren ir para poder despedirse. Si la señora ya está inconsciente y ustedes creen que el niño se puede impresionar mucho, llévenlo sólo un momento corto, lo suficiente para que le dé un beso y ya. Si hay deformaciones u otro tipo de situaciones que puedan afectarlo, es mejor decírselo y no llevarlo.

Lo importante es no proteger excesivamente al niño ocultándole la verdad, pues esto le va a traer sentimientos negativos contra ustedes después.

> **A mi hija de ocho años la van a operar de las amígdalas. No sé cómo prepararla para que no esté tan asustada. ¿Cómo le explico lo que le va a pasar?**

Como en la pregunta anterior, lo mejor es contarle la verdad. Hay en el mercado muchos libros para niños en los que se les explica qué es una operación y para qué vamos al hospital. Asegúrele que esta operación es necesaria para lograr su bienestar físico. También reafírmele que usted estará ahí todo el tiempo, antes de entrar a la sala y al despertar, después de la intervención. El miedo que siente la niña puede disminuir mucho con su apoyo, pero tenga en cuenta que no desaparecerá del todo. Es normal tenerle miedo a lo desconocido, pero el temor se hace más manejable con la presencia afectuosa de los padres.

Después de la cirugía su hija puede estar unos días más sensible y llorosa, así que prepárese para darle apoyo. Una cosa muy buena es jugar con ella a la operación de las muñecas, pues esto le ayudará a superar las secuelas que le pueda haber dejado el episodio. Es importante permitir y propiciar estos juegos "de médicos" como reparación psicológica. Para el niño esto es como una especie de terapia, pero con juego.

¿Cuánto dura normalmente el período de adaptación al colegio? ¿Podría darnos algunas pautas para manejar esta época?

En general para los niños siempre es muy doloroso salir de la seguridad de su hogar para enfrentar un mundo desconocido. Es natural que el niño desconfíe y le dé miedo separarse de su principal fuente de seguridad, que son sus padres.

Los niños de dos a tres años se demoran a veces hasta un par de meses en hacer el proceso de adaptación al jardín infantil. Lloran e insisten en que su mamá o su papá se queden con ellos, pero poco a poco la angustia de separación va disminuyendo y ellos se dan cuenta de que pueden estar bien sin sus papás. Al mismo tiempo, también los papás van entregando con mayor confianza al colegio el cuidado de su hijo.

Cuando entran al colegio grande, también pueden necesitar un tiempo de ajuste. Es bueno acompañarlos hasta el autobús y darles la seguridad de que van a estar bien. Mi experiencia es que los niños más sensibles y apegados a sus papás pueden necesitar cerca de un mes completo para sentirse a gusto en el colegio.

Los problemas sólo se presentan cuando la angustia de separación no se resuelve en los primeros meses. En estos casos es bueno buscar la ayuda de un especialista para descubrir lo que anda mal.

Nuestros hijos están llegando a la edad en que entran al colegio grande, ¿podría darnos algunas pautas para escoger un buen colegio?

Con alguna frecuencia aparecen en los medios de comunicación distintas clasificaciones de los mejores colegios del país. Esto produce un gran revuelo entre la mayor parte de los padres, pues los que tienen hijos en planteles que quedaron en puestos medios y bajos sienten que se equivocaron y pusieron a sus hijos en el colegio equivocado, mientras que los que tienen a sus hijos en los colegios que ocuparon los primeros lugares se sienten muy orgullosos de su elección. El hecho es que hay muchas confusiones y malentendidos en lo que se refiere a la educación y específicamente en lo que tiene que ver con los criterios de evaluación y las variables para medir el éxito de un plantel.

Para empezar, a un colegio no se lo puede medir sólo por su desempeño en las pruebas anuales de competencias básicas. Hay que poner en la balanza otras variables. Primero, el bienestar psicológico y emocional de los estudiantes, pues la excelencia en la educación tiene que ver con el desarrollo integral del individuo. La parte académica es importante, pero está lejos de predecir el éxito en la vida profesional, pues el verdadero éxito necesita un óptimo desarrollo tanto del potencial intelectual como del socioemocional.

Segundo, hay que mirar los modelos de disciplina, si se hace énfasis en el trabajo de equipo o en el trabajo competitivo y cuáles son los valores sociales que el colegio le inculca al niño.

Tercero, hay que evaluar la importancia que el colegio le da al desarrollo de capacidades como llevar a la práctica lo que se aprende en teoría, ser creativos a la hora de pensar y resolver problemas y tener la concentración y la disciplina para estudiar.

Al reflexionar sobre el colegio, los padres deben tener claridad sobre la misión de éste y las prioridades de ellos como familia. Hay que darle peso a lo verdaderamente importante y esto a veces significa "perder" algo en el proceso. El bilingüismo, por ejemplo, es esencial para el mundo de hoy. Sin embargo, éste puede inhibir temporalmente el desarrollo del primer idioma y traer confusiones en el área de lecto-escritura. Por otra parte, con el paso del tiempo el bilingüismo estimula procesos de pensamiento y el hecho de tener dos códigos de lenguaje multiplica las conexiones neuronales, lo que da paso a procesos de análisis más complejos.

En general, tomarle el pulso a un colegio no es tan fácil como parece. Las pruebas que se están utilizando ahora en Colombia son nuevas y todavía no se sabe qué resultados tendrán, pero de todas formas es bueno acompañarlas de otros índices que muestren claramente el éxito real de los estudiantes. La educación es algo muy serio que amerita una revisión profunda y por eso, a la hora de escoger colegio para sus hijos, yo invito a los padres a tener una visión integral del proceso educativo y a buscar el plantel cuyos valores concuerden con los de su familia.

¿Cuánta ayuda les debo dar a mis hijos con las tareas?

Las tareas son una oportunidad para practicar lo aprendido en el colegio, porque para que el aprendizaje sea efectivo se necesita repetición. En lo posible, permita que su hijo haga las tareas solo, pero con supervisión suya. Al niño pequeño que inicia escolaridad hay que desarrollarle este hábito buscándole un espacio atractivo y cómodo, al igual que una hora fija para hacer las tareas. Nunca se deben convertir en batallas campales.

Si su hijo rehúsa hacer tareas es porque tal vez se siente inseguro con el material y por eso puede necesitar más apoyo de los padres. Bríndele ese apoyo, pero si eso no da resultado, usted debe tratar de averiguar dónde se origina el déficit de aprendizaje de su hijo. Investigue, pues a veces puede tener que ver con la metodología que utiliza el colegio, o con lagunas que hayan quedado de años anteriores. Si es necesario consiga un tutor, de manera que sea una tercera persona la que trabaje con su hijo las tareas y este tema no se convierta en motivo de conflictos innecesarios que pongan en jaque la relación de su hijo con usted.

Por otro lado, un niño se puede volver dependiente de sus padres a la hora de hacer las tareas, lo cual tampoco es recomendable. Tenga en cuenta que el papel de los padres se debe limitar a hacer presencia, desarrollar el hábito y apoyar en las ocasiones en que el niño verdaderamente necesita su colaboración.

Muchos padres, especialmente las madres, llaman afanosamente a los hijos durante el día para recordarles las tareas. Ésta no es una buena costumbre, pues el niño lo puede vivir persecutoriamente y/o sentir que sólo es valorado en la medida en que haga bien sus tareas. Si se da el caso de que el niño no puede hacerlo bien y además la mamá lo presiona, esto se puede convertir en una fuente de peleas constantes.

Mi recomendación con las tareas es, como en todo, tratar de mantener un equilibrio sano. Para información de todos aquellos padres preocupados por las tareas, los buenos estudiantes rara vez tienen padres que se preocupan de manera excesiva por éstas. La meta es lograr que su hijo desarrolle un compromiso propio con el aprendizaje, sin necesidad de imponérselo. Recuerde que los seres humanos venimos genéticamente programados para aprender.

> **Tengo un niño de ocho años y continuamente recibo quejas de los profesores del colegio, que me dicen que es perezoso y no le gusta el trabajo escolar. ¿Qué puede estar pasando ahí?**

La desmotivación escolar es una de las consultas más frecuentes de los padres. Aparentemente sus hijos son perezosos y no quieren aprender. Pero lo primero que deben pensar esos papás es que no es normal que un niño no quiera aprender, pues los seres humanos venimos genéticamente programados para aprender y el aprendizaje para los niños es, además, un verdadero placer. De manera que si el niño está desmotivado probablemente es porque hay algo que no anda bien, tal vez siente que no puede aprender y su manera de defenderse es aparentar que no quiere hacerlo.

Por lo general los niños que se vuelven perezosos en el colegio tienen una dificultad de aprendizaje. Para establecer esto con certeza se hace una evaluación psicoeducativa que determina las áreas fuertes y las áreas débiles del niño y permite ver dónde está el problema.

Las dificultades de aprendizaje se definen en términos de capacidades intelectuales. Los niños son inteligentes, pero tienen un déficit en algún área específica del aprendizaje. Por ejemplo, hay niños a los que les cuesta más trabajo de lo normal poner atención, ése es el famoso déficit de atención. A otros les cuesta trabajo leer, o leen más o menos bien pero muy lentamente, lo cual afecta toda su ejecución en el colegio. Otros niños tienen dificultades para escribir, o tienen dificultades espaciales, es decir que no se organizan bien en el espacio y sienten que se pierden.

En el caso de un niño de ocho años por lo general hay algún tipo de inmadurez que el pequeño logra esconder enviando el mensaje de que no quiere aprender y si todos los que lo rodean, padres y profesores, caen en la trampa de afirmar que es un niño perezoso, la dificultad logrará pasar inadvertida por mucho tiempo y después será más difícil de corregir. Por eso mi principal recomendación para los padres que reciben este tipo de queja del colegio es nunca aceptar esa interpretación como un hecho y decir que es que el niño salió como algún familiar que también fue mal estudiante, sino buscar inmediatamente cuál puede ser el problema y comenzar a corregirlo.

Otra cosa que puede afectar el aprendizaje de un niño es que en los primeros años escolares le haya pasado algo malo y él asocie la idea de aprender con esa experiencia negativa. Tal vez durante el primer año escolar se murió algún miembro de la familia o hubo alguna situación traumática que lo marcó profundamente y que no le permite derivar placer del aprendizaje.

Hoy día sabemos mucho sobre problemas y estilos de aprendizaje y sobre la conexión que hay entre el estilo que uno tiene para aprender y los correlatos emocionales. Así que nunca hay que darse por vencido frente a la llamada desmotivación escolar y, en cambio, hacer uso de toda esta nueva información para asegurarles a nuestros hijos una experiencia feliz de aprendizaje.

> A mi hija le diagnosticaron hace poco déficit de atención y actualmente toma un medicamento diario. Me preocupa mucho que tenga que tomar una medicina desde tan pequeña y que vaya a desarrollar una adicción.

El déficit de atención es un conjunto de síntomas que hacen que se produzca cierto estado que obstaculiza el aprendizaje. Puede tener múltiples causas y múltiples manifestaciones, pero es claro que cuando es causado por un desbalance químico, la medicación es parte fundamental del tratamiento.

Desde luego, la sola medicación no corregirá el problema. El tratamiento del déficit de atención exige también una intervención a nivel escolar, para que el niño desarrolle hábitos de estudio y tenga reglas claras, y una intervención en la casa que refuerce el trabajo que se hace en el colegio.

Yo me identifico con los papás a los que les preocupa que su hijo comience a tomar un medicamento desde pequeño, pero tienen que entender que el cerebro de su niño tiene un déficit y necesita de la droga para desarrollar el hábito de la atención. Por otro lado, los padres deben saber que los niños pueden abandonar la medicación sin ningún problema, aun cuando la hayan tomado por varios años, cuando alcanzan el patrón de atención adecuado y comienzan a tener éxito en los estudios. Actualmente la medicación más usada es la Ritalina, pero también se usan otros estimulantes para alertar el sistema atencional del niño. Incluso algunos psicólogos usan café.

La principal preocupación de los padres frente al medicamento es que sus hijos puedan desarrollar una adicción. Sin embargo, en muchos casos, cuando los niños con déficit de atención no son medicados a tiempo, pueden terminar en la edad adulta consumiendo alguna sustancia adictiva que les ayude a sobrellevar su problema de atención. Así muchos padres, por querer hacer más, pueden terminar haciendo menos.

Mi recomendación entonces es que los papás controlen sus temores y le den al medicamento la oportunidad de actuar. Verán que en la mayoría de los casos la mejoría es notoria. Desde luego, como en todo lo que tiene que ver con el cuerpo humano, los padres deben ser pacientes y entender que a veces habrá que ensayar muchas medicinas hasta dar con la apropiada y con la dosis exacta, pues cada organismo es diferente.

En los últimos años se ha producido un aumento en la incidencia de déficit de atención y yo diría que hoy día más o menos el 20 por ciento de la población escolar presenta este síndrome. Pero, para tranquilidad de los padres, sólo el cinco por ciento es medicado.

> **Mi hija de diez años tiene un buen desempeño escolar en general, pero siempre le va mal en educación física y no le gustan los deportes. ¿Puede eso ser un problema?**

Una niña de diez años a la que siempre le va mal en educación física, a la que no le gustan los deportes y que tiene dificultades para moverse puede estar evidenciando con este comportamiento un rechazo hacia algo para lo cual siente que no tiene habilidades. Y aunque a esta edad ya han pasado los momentos más importantes del desarrollo motor, todavía estamos a tiempo de ayudarla a mejorar su destreza física, que le servirá no sólo para tener un buen desempeño en la clase de educación física y en los deportes, sino para ganar seguridad en sí misma.

Un niño que tiene un buen dominio de su cuerpo y es ágil y fuerte se siente más seguro y tiene mejor autoestima que uno que tiene debilidades motoras. Sin embargo, observamos con frecuencia que los padres de niños que no son hábiles en lo físico, tienden a minimizar la importancia del desarrollo motor en comparación con el desarrollo intelectual. Piensan que su hijo sencillamente no será un atleta, pero que eso no importa si es suficientemente verbal. Sin embargo, eso es un error. El desarrollo debe ser armónico y equilibrado y para eso es fundamental que se desarrollen tanto las habilidades intelectuales como las físicas, la mente y el cuerpo. De todas maneras, el cuerpo es el vehículo por el cual expresamos todo lo que pensamos y para un niño es muy frustrante no poder utilizar correctamente el cuerpo para expresar los pensamientos que se agolpan en su mente.

Éste es un caso muy frecuente y puede obedecer a un atraso motor muy leve, que se puede corregir con terapia ocupacional o practicando gimnasia o algún deporte, hasta problemas más serios, pero sea lo que sea, las dificultades motrices siempre pesan en la personalidad de la gente.

Hoy día, debido entre otras cosas a la reducción del espacio en las viviendas, es frecuente ver niños con problemas motores. Mi recomendación principal para los padres es que estén atentos y le concedan al desarrollo de las habilidades físicas la importancia que merece, porque aunque no lo parezca, éstas están directamente relacionadas con las habilidades intelectuales, los estados anímicos y la autoestima. Por eso no se conforme con que a su hija le vaya mal en educación física y que porque es mujer eso no tiene tanta importancia. Busque las causas de que esto sea así y recurra a la terapia o a la gimnasia para mejorar esa condición.

> **A mi hijo de nueve años lo molesta constantemente otro niño en el colegio. Me pregunto si debo intervenir o no.**

Si usted descubre que su hijo es víctima de agresiones, piense primero y después actúe. Eso no es nada fácil pues a uno como padre le duele mucho que alguien moleste a sus hijos, pero también es bueno que sepa que cerca del veinte por ciento de los niños en edad escolar son víctimas de otro compañero.

Si usted está pensando resolver el problema de su hijo dándole su merecido al otro, desista de la idea porque eso no sirve de nada. Sólo reforzará en su hijo la idea de que es débil y que no puede resolver sus propios problemas. Por otro lado, devolver agresión con más agresión no es la solución ni un buen ejemplo para su hijo.

Usted no puede defender a su hijo directamente, pero sí puede informarles a las autoridades del colegio lo que está sucediendo. Hágales saber que hay un agresor o un "matón" por ahí suelto; lo más seguro es que su hijo no sea la única víctima. El colegio podrá así intervenir y detener los abusos contra su hijo. Es muy importante que el colegio y los padres trabajen juntos para combatir la agresión e inculcar en los jóvenes estrategias de resolución de conflictos. Hoy día hay mucha agresión en el ambiente en general y los colegios no pueden permanecer impasibles.

Por otra parte, usted tiene que asegurarle a su hijo que él no tiene la culpa y que nadie se merece un maltrato como ése. Ayúdele a entender que el agresor es el que tiene el problema, pues es una persona que siempre está enojada, con ganas de pelear y necesita ayuda. Es importante que los niños entiendan que hay jóvenes populares, pero crueles y manipuladores, y que ésos no deben ser sus amigos, pues no tienen la capacidad de ser "buenos amigos" de verdad.

Este tipo de situaciones por lo general le traen al niño una gran dosis de humillación, por eso también es importante que usted deje que su hijo le cuente cómo se siente y cuánto le duele esa experiencia. Usted puede practicar con él el buen manejo de estas situaciones; hagan lluvia de ideas, ojalá entre todos los miembros de la familia, eso le dará fuerza a su hijo. Ensayen frases como: "Déjame en paz. Yo no quiero meterme contigo" o "¿Qué te he hecho yo a ti? ¿Por qué me haces esto?" También pueden ensayar a manejar la agresión con humor. En fin, lo importante es que su hijo aprenda a mantenerse lejos de los matones y que la mejor táctica siempre es retirarse y no escuchar, porque llorar y quejarse estimula más la agresión.

Otro elemento esencial es fortalecer a su hijo, reforzar su autoestima. Las víctimas de los matones generalmente se sienten débiles, reaccionan fácil y se enganchan en un conflicto emocional con rapidez. Por eso es importante reafirmar la identidad de su hijo, ayudarlo a creer en sí mismo y estimular el desarrollo de sus destrezas sociales.

> **He notado que mi hijo tiene una pésima relación con uno de sus profesores y que eso le está ocasionando inconvenientes en el colegio. Estoy indecisa sobre si debo intervenir o dejar que él solucione solo su problema.**

Una de las reglas de oro de la crianza es dejar que los hijos hagan por sí solos todo lo que puedan hacer. En esa medida, yo le recomiendo que deje que su hijo solucione sus propios problemas y usted no intervenga, a menos de que sea absolutamente necesario.

Es lógico que un padre quiera proteger a su hijo cuando cree que está siendo maltratado por un profesor, pero siempre existe el riesgo de caer en la sobreprotección y acostumbrar a nuestros hijos a contar con nuestra ayuda para resolver sus problemas. Por eso, en la medida en que el niño pueda manejar solo la situación es mejor dejarlo, pues eso lo fortalecerá enormemente para el futuro. Sin embargo, no quiere decir que usted deba desentenderse del proceso educativo de su hijo, sino que no es necesario inmiscuirse todo el tiempo.

Cuando se presente una situación muy difícil con un profesor, que definitivamente requiera su participación, es importante que usted no margine a su hijo de la solución, sino que resuelvan la situación entre todos, es decir, el colegio, usted y el niño. Es fundamental que los niños sepan desde pequeños que cada uno tiene que resolver sus propios problemas; que al comienzo necesitarán mucho de la ayuda de sus padres, pero que a medida que van creciendo podrán ir encontrando solos las soluciones más apropiadas. He visto casos, por ejemplo, de papás que quieren cambiar a su hijo de una clase porque saben que tiene problemas con el profesor, pero que cuando le preguntan al niño si quiere cambiarse, éste les dice que no, que él quiere hacer el esfuerzo porque en ese curso están sus amigos y cree que puede encontrar la forma de superar sus problemas con el profesor. Esto muestra que, como dije, es importante participar en la vida educativa de nuestros hijos, pero nunca debemos caer en la trampa de controlarla, pues ése es su mundo y debemos respetarlo.

> **Tengo dos niños, de seis y ocho años, y cada vez que les invito amigos a la casa terminan peleando. ¿Es bueno invitarles amigos? ¿Cómo se pueden manejar esas peleas?**

Sí, es muy importante para los niños invitarles amigos a la casa, porque una de las destrezas fundamentales que necesitan los niños hoy día es la capacidad de socializar, de vivir en comunidad, de trabajar en grupo. Por eso hay que enseñarles a socializar no sólo dentro del colegio, sino también en los espacios familiares y afectivos, donde a veces va a resultar más difícil compartir.

Una recomendación útil es que, si hay dos niños en la casa, usted le invite siempre un amigo a cada uno porque el hecho de invitarle un amigo sólo al mayor, o al menor, y que el otro se quede solo elevará la posibilidad de que se presenten peleas, en la medida en que se puede establecer todo un juego de poder y celos entre los dos hermanitos por quedarse con el amigo. En general, lo mejor es que los grupos no sean nunca impares, para que todo sea más equitativo.

Por otro lado, es importante tener en cuenta que la presencia de amigos en la casa puede exacerbar las tensiones entre hermanitos que se llevan pocos años entre sí. Muchos papás, por razones de espacio y demás, tienden a forzar que los hijos hagan todo juntos, que compartan el cuarto, el armario, los juguetes, etc. Hay que tener mucho cuidado con esto porque para los niños es muy importante tener un espacio y unas cosas propias, bien delimitadas, sobre las que afirma su identidad. Un niño que siente que la distribución de las cosas en su casa no es completamente justa puede sentirse celoso y por lo tanto mantendrá siempre un nivel de malestar que puede manifestarse especialmente cuando vienen amigos.

Mi hija de siete años se queja de las amigas todo el tiempo. Mis amigas me hicieron esto, mis amigas me hicieron lo otro... ¿Es eso normal? Me preocupa que desde ya mi hija se esté convirtiendo en una persona conflictiva o en una víctima.

Esta pregunta es muy frecuente entre las madres de niñas, porque, no sabemos si debido a un exceso de habilidad socioemocional, o debido a su naturaleza intrínseca, es un hecho que las niñas tienden a pelear más con las amigas que los niños y a tener, por decirlo así, más tropiezos en la socialización.

Desde muy pequeñas las niñas tienen preferencias claras, hacen amistades mucho más intensas y obviamente se interesan más por hacer amistad con otras niñas. Y cuando llegan a segundo o tercer grado, que es el momento en que se empiezan a formar los grupos, con frecuencia alguien se queda por fuera y es ahí cuando muchas niñas pueden empezar a sentirse rechazadas y a dudar de sí mismas.

Cuando una niña de esta edad empiece a quejarse de manera recurrente porque sus amiguitas o compañeritas de clase la rechazan, es importante que los papás reaccionen y revisen cuidadosamente en qué contexto se produce ese rechazo y las razones por las cuales pueda estar ocurriendo. Quizás las habilidades sociales de la niña no son totalmente adecuadas, hay que revisar comportamientos y esquemas de conducta para encontrar el origen del problema. Los niños tienden a ser bastante intolerantes y cualquier debilidad de parte de otro genera rechazo, por eso es importante reaccionar rápidamente ante cualquier manifestación de esto para que nuestros hijos no se conviertan desde pequeños en víctimas.

Una cosa muy importante que los padres deben tener en cuenta en este tipo de situación es validar siempre los sentimientos de la niña y permitirle desahogarse. Preguntarle qué está pasando y mostrar empatía por lo que ella siente. Muchos padres tienden a asustarse ante estos problemas y lo que hacen es descalificar los sentimientos de sus hijos y decirles que no sean bobos, que lo que sus amiguitos dicen no tiene importancia. Pero la verdad es que para un niño lo que dicen sus amiguitos tiene tanta importancia en la formación de la autoestima como lo que le dicen sus padres. Por eso siempre hay que validar los sentimientos de los niños.

Una situación que se presenta con frecuencia es el caso de las niñas muy dominantes o muy consentidas, que quieren llegar a imponer su voluntad en el grupo y despiertan el rechazo de sus amigas. Éste no es un problema grave y se puede solucionar fácilmente mostrándole a la niña que ése es un comportamiento inadecuado, pero lo importante es enfrentar la situación a tiempo y no permitir que ese patrón de comportamiento se perpetúe por mucho tiempo.

A veces también es útil recurrir al colegio para descubrir la razón de esta situación. Hay planteamientos escolares que no son favorables para cierto tipo de personalidades y en ciertas ocasiones he visto cómo un cambio de ambiente escolar puede favorecer mucho a los niños.

> **Estamos muy preocupados porque nuestro hijo de ocho años se ha vuelto muy grosero y mal hablado. ¿Es eso normal? ¿Cómo podemos controlarlo?**

Casi todos los niños, a partir de los seis o siete años, comienzan a decir una cantidad de palabras feas y a hablar mucho de todo lo que tiene que ver con cosas sucias, como el popó, por ejemplo. De acuerdo con el psicoanálisis, esto se debe a una necesidad profunda del niño, que revela su interés por este tipo de cosas, y es lo que Freud llamó la etapa anal.

Es una etapa que se supera después de un tiempo, aunque a veces puede extenderse hasta la adolescencia, dependiendo de la tolerancia del entorno a esta conducta. A veces vemos que aunque el niño vaya cambiando su vocabulario a medida que va creciendo, la necesidad de expresar agresión a través del lenguaje permanece y por eso persiste la tendencia a decir malas palabras y a tratar a los demás de manera grosera.

Como padres creo que podemos tratar de controlar esto un poco y no permanecer sólo como espectadores, pues aunque decir malas palabras sea una conducta normal a los ochos años, los padres debemos darles a los niños parámetros y criterios claros sobre lo que nos parece adecuado e inadecuado. Por ejemplo, si un niño empieza a tratar a sus papás con malas palabras hay que decirle que eso no se debe hacer porque es una falta de respeto, y aunque se trate así con sus amigos, él debe entender que en la casa ése es un comportamiento inaceptable. De esta manera el niño irá teniendo parámetros claros de comportamiento que le servirán de guía en el futuro. Pero si los padres dejan pasar esta conducta sin ponerle ningún freno, el niño no tendrá cómo saber qué es lo apropiado más adelante y se podrá convertir en un adulto mal hablado.

Tengo un hijo de nueve años extremadamente juicioso, y aunque vivimos muy felices con que

> él sea tan responsable, cuando vemos a otros niños de su edad nos preocupa que nuestro hijo sea demasiado maduro para su edad, pues en realidad se porta prácticamente como un adulto. ¿Es eso malo?

Todo en la vida tiene su momento y hay que quemar una etapa para poder entrar plenamente en otra. Por eso sí hay que preocuparse cuando nos encontramos un niño que es demasiado juicioso y que se convierte casi en un adulto antes de tiempo. Esto es lo que se conoce como niños adultificados y puede ser el resultado de una serie de condiciones que hay que revisar para evitar que el niño se salte etapas y termine perdiendo el precioso tiempo de la infancia.

Los niños adultificados son por lo general niños muy capaces, que descubren que la mejor manera de relacionarse con los demás es a través de sus habilidades cognoscitivas, y empiezan a hablar y a portarse como adultos para llamar la atención. El problema es que es muy fácil para los papás caer en la trampa y comenzar a tratar a su hijo de ocho años como un adulto y eso no es normal. Hace unos años tuve la oportunidad de conocer un caso de un niño de esa edad, hijo único, al que sus papás sencillamente ya no podían manejar porque, cuando se dieron cuenta, habían perdido por completo la autoridad sobre su hijo. Al tratarlo como un adulto, habían terminado por establecer una relación de igual a igual con él y eso había destrozado la jerarquía familiar que todo niño necesita para crecer sanamente.

Como siempre, lo principal ahí es reaccionar rápidamente y replantear las reglas de juego para que el niño vuelva a tener los deberes y los derechos que le corresponden según su edad. En primer lugar, el niño debe entender que también tendrá la atención y el cariño de sus padres si se porta como un niño y no sólo si se porta como un adulto. Por eso es fundamental dejar de reforzar las conductas adultas y, por el contrario, privilegiar los comportamientos normales de su edad, como ir al parque, hacer deporte, ensuciarse, ser un poco desordenado, etc.

Aunque el caso que les cuento era, sin duda, una situación extrema, es muy importante que los papás sepan que es más fácil de lo que uno se imagina caer en el juego de la adultificación, cuando se está tratando con niños muy inteligentes y capaces de asumir muchas responsabilidades.

> **Tengo un hijo de trece años que tiene una for-
> ma de hablar y de moverse muy amanerada y
> me preocupa que se esté volviendo homo-
> sexual. Por otro lado, me siento muy culpable
> por pensar eso. ¿Cómo puedo manejar esta si-
> tuación?**

En lo primero que me quisiera detener en esta pregunta es en la validez de la intuición de los padres. Cuando un papá siente algo con respecto a su hijo de manera permanente e intensa por lo general tiene razón, y
por eso no hay que sentirse culpable cuando uno tiene
alguna sospecha con respecto a un hijo, porque con
seguridad tiene buenas razones para hacerlo.

Cuando unos papás sienten que su hijo es un poco
amanerado, que tiene algunas conductas un poco fe-
meninas, lo primero que deben hacer es hablar entre
ellos y compartir entre los dos esas sospechas, para establecer si quizás hay algo en la dinámica familiar que
pueda estar causando o reforzando ese comportamiento y sobre lo cual puedan hacer alguna intervención.

Hoy día hay una gran polémica acerca de si el ho-
mosexualismo es heredado o aprendido. De acuerdo
con mi experiencia, tiene un poco de ambos. Se ven
casos de niños que desde muy pequeños son ama-

nerados y se convierten en adultos homosexuales, a pesar de que los papás se den cuenta desde muy temprano y traten de cambiar por todos los medios la manera de ser de sus hijos. Es como si hubiese de por medio una fuerza más poderosa que ellos y por eso en esos casos me inclino a pensar en la genética.

Pero también se ven casos de niños en los que el amaneramiento responde a una dinámica familiar y ahí es donde es muy importante no sólo la intuición de los padres para percibir la situación tempranamente, sino su compromiso para aplicar los correctivos necesarios. En familias en las que todos los hijos son hombres, por ejemplo, puede pasar que uno de los hijos trate de asumir un rol femenino para compensar la falta de hijas mujeres. O cuando hay dos hijos hombres, uno de los cuales es muy masculino, es posible que el otro trate de adoptar rasgos femeninos para diferenciarse de su hermano. En situaciones como éstas la intervención oportuna de los padres puede marcar una gran diferencia y reversar, si así puede decirse, un proceso que se puede estar dando.

En todo caso, lo más importante siempre debe ser lograr la felicidad de nuestros hijos, y por eso el otro elemento fundamental en estos casos es brindarles a los niños todo el apoyo y el cariño que podamos darles, de manera que se sientan queridos y apoyados a pesar de sus diferencias. Y digo a pesar, porque es un hecho que la homosexualidad todavía genera un gran rechazo social, y aunque hoy día se habla mucho más de eso y los homosexuales pueden llevar una vida más o menos normal, éste sigue siendo un camino mucho más difícil de recorrer.

> Tengo la idea de que mi hijo tiene dos caras, una en la casa y otra por fuera. La gente dice que es un líder negativo y que trata mal a los demás. Ése no es el comportamiento que yo veo en casa, pero creo que sí debe haber algo de cierto en los comentarios. ¿Es eso posible? ¿Por qué puede pasar?

Un niño que es relativamente tranquilo en la casa pero que por fuera se comporta de manera agresiva está mostrando que tiene una profunda insatisfacción, que no puede expresar abiertamente en su casa pero que exterioriza en el colegio, o con los amigos, donde probablemente se siente más fuerte y menos vulnerable a perder afectos. Ésos son los llamados "matones", que se ven con alguna frecuencia en los colegios.

Por lo general estos niños se sienten maltratados en su casa, ya sea porque hay un maltrato real o porque hay algo en la dinámica familiar que les está creando una gran resentimiento. Por eso lo primero que debe hacer un padre que oye este tipo de comentarios sobre su hijo es hacer un examen de conciencia para ver dónde puede estar el problema.

Una de las cosas más difíciles de asimilar para los papás en estos casos es la dualidad en el comportamiento del niño. Pero hay que entender que esa aparente sumisión en la casa obedece al temor del niño a perder el amor de sus padres. Por eso prefiere dar rienda suelta a sus emociones donde no tiene tanto que arriesgar.

Casi siempre, en la mayoría de los casos los niños que adoptan este comportamiento vienen de familias en las que hay muchos problemas entre los padres. Bien sea que los papás no se entiendan o que el niño vea que sus padres se agreden el uno al otro. Todas estas situaciones llenan de rabia a los pequeños, rabia que estalla con sus compañeritos.

Mi principal recomendación entonces es que usted hable con su hijo de la manera más abierta posible, para que el niño pueda decir todo lo que está sintiendo. A veces incluso será útil contar con la ayuda de un especialista que garantice la mayor honestidad emocional de parte y parte.

Por otro lado, hay unos poquísimos casos en los que los niños son intrínsecamente agresivos, independientemente del entorno familiar. Esto se puede deber a un desorden de personalidad y requiere la intervención de un especialista que ayude al niño a adaptarse lo mejor posible a la sociedad. Pero, de nuevo, también en este caso el apoyo y la intervención de los padres será fundamental para lograr hacer un contrapeso a esa determinación genética.

Pautas generales para manejar
a los niños en edad escolar

Durante los años escolares hay dos objetivos básicos: desarrollar la confianza de los niños en sí mismos y desarrollarles el sentido de la responsabilidad. De esto dependerá la autoestima que acompañará a los niños por el resto de su vida. Por eso,

1. Exponga siempre a sus hijos a situaciones en las que puedan tener éxito y sentirse autosuficientes. Permitirles solucionar sus problemas les dará, a la larga, una sensación de satisfacción maravillosa. Hay que dejar que tengan experiencias que puedan manejar solos para promover en ellos el crecimiento interior. Por ejemplo, que organicen y cuiden sus cosas, que ayuden a otra persona, que terminen lo que comienzan, etc.

2. Estimule la práctica de actividades en las que sus hijos se destaquen, ya sean los deportes, el baile, la música, el arte, etc. No hay que tenerlos en clases de todo indefinidamente, sino más bien usar

las clases como filtro para saber en qué les va bien y qué es lo que más les gusta.

3. En estas edades hay que fijarles expectativas claras, de acuerdo con sus capacidades, y comunicarlas con frecuencia. ¡Cuidado! No es bueno irse a los extremos: algunos padres esperan demasiado y exigen mucho, y otros se conforman con muy poco.

4. En estas edades también se desarrollan los buenos y los malos hábitos. Déles responsabilidades a sus hijos aunque sean pequeños. Tenga rutinas y exija que se cumplan. Póngales límites a la televisión y al computador.

Preguntas y respuestas sobre adolescentes

Ayúdele a su hijo a sentirse orgulloso de su herencia. Sólo entendiendo de dónde se viene, se entiende para dónde se va.

> **Tengo una hija de trece años y mi marido y yo estamos asombrados del cambio que ha tenido en los últimos meses. Se ha vuelto grosera, contesta feo y se queja todo el día de que quiere tener más privacidad. ¿Será que está entrando en la adolescencia? ¿Cómo podemos manejar ese cambio tan drástico de personalidad?**

Definitivamente sí, su hija debe estar entrando en la adolescencia. Hoy día es frecuente ver niños de doce y trece años totalmente desarrollados, con cuerpos de adultos, y en los que ya se está presentando el cambio hormonal propio de la adolescencia. Hoy día los jóvenes tienden a llegar a la pubertad más temprano que lo que lo hicimos nosotros, por ejemplo, al parecer debido a una mayor estimulación hormonal asociada con la comida y a la influencia de medios masivos de comunicación como la televisión.

Paralelos al cambio hormonal vienen también esos cambios de personalidad que ustedes están viendo en su hija y que se manifiestan por lo general en el deseo de tener privacidad, en una mayor irritabilidad ante cosas que antes no les molestaban, y otras cosas por el estilo. Mi primera recomendación es que le tengan un poco de paciencia y hablen con su hija sobre lo que está ocurriendo, sobre los cambios en su cuerpo y en su temperamento y la manera como eso está afectando la dinámica familiar. Una buena charla con su hija, en la que ustedes le expliquen que también pasaron por eso y saben el desconcierto y el temor que producen todas esas sensaciones y emociones nuevas con seguridad les ayudará a aliviar la tensión que están viviendo actualmente y a encontrar un camino hacia el futuro.

> Mi hijo tiene trece años y ha perdido interés en todo lo que antes le gustaba. Ya no le importa el colegio ni los amigos y ha entrado como en un estado de apatía general. ¿Puede ser eso una depresión? ¿Puede tener que ver con ese cambio hormonal propio de esta edad que usted mencionó antes?

La respuesta a las dos preguntas es sí. A veces los cambios hormonales son tan abruptos que los jóvenes pueden caer en una depresión real. Llegan a sentirse tan distintos, con ese cuerpo y esas sensaciones que desconocen, que se asustan y tratan de aislarse desentendiéndose de todo y de todos. Muchas veces en estos casos, aparte del apoyo y el afecto de los papás, es útil que los jóvenes puedan hablar con una persona fuera de su entorno familiar, que les ayude a entender lo que está pasando. Puede ser un profesor o un terapeuta, pero en todo caso alguien que tenga credibilidad y sepa sobre el tema.

Otra recomendación importante es tomar muy en serio el estado anímico de su hijo, darle mucho apoyo y estar siempre disponible para él. También es útil animarlo a moverse, así sea salir a caminar juntos o ir al gimnasio. Hay que tener en cuenta que si la depresión es grave, el joven estará tan desanimado que a veces usted tendrá literalmente que llevarlo.

No es bueno dejarlo sin ir al colegio, aunque se niegue rotundamente a hacerlo. Habrá muchas veces en que querrá devolverse y usted tendrá que aprender a negociar y ser firme.

En muchos casos la depresión es causada por un desequilibrio hormonal y a veces sólo se logra alcanzar nuevamente un balance con la ayuda de un antidepresivo. Por eso es importante consultar el problema con un especialista y ser muy juiciosos con la medicación, si es el caso.

Con la medicación, alguna intervención psicoterapéutica y el apoyo de los padres, el joven saldrá ade-

.

lante poco a poco y dejará atrás ese estado anímico tan pasivo.

> De un tiempo para acá mi hijo de trece años quiere salir a toda hora y tener cada vez más libertad, y yo no sé cómo decirle que no porque la verdad es que al mismo tiempo sigue siendo muy juicioso y responsable con sus deberes escolares. ¿Qué debo hacer?

Es muy bueno que su hijo siga cumpliendo con sus deberes escolares y que sea buen estudiante, pero la libertad de los jóvenes nunca debe ser ilimitada porque deben aprender que en la vida hay límites y que nadie puede hacer todo lo que quiere.

No es conveniente que un joven se acostumbre a salir a toda hora y a estar siempre por fuera de su casa, sencillamente porque todavía no tiene el criterio suficiente para moverse por la vida completamente solo. Un joven necesita reglas, horarios, rutinas, en fin, límites para lo que puede y no puede hacer, porque aunque sea un muchacho juicioso y usted le tenga mucha confianza, él tiene que aprender a funcionar en el mundo real y es a nosotros como padres a quienes nos corresponde hacerles entender ese mensaje.

Mi hijo pasó de ser un niño muy apegado a nosotros y muy consentido a ser un adolescente de pelo largo, sucio y desagradable. ¿A qué horas pasó todo esto y qué puedo hacer para que me devuelvan a mi niño?

Todo ese cambio pasó frente a usted en estos años, pero tal vez usted no se dio cuenta porque su hijo fue creciendo poco a poco, y a veces no somos conscientes de las cosas que van pasando todos los días. Sin embargo, no se alarme y piense que debajo de ese adolescente que a usted no parece gustarle, todavía está su hijo, aunque ya no sea el niño de otras épocas.

La primera recomendación, entonces, es que entienda que su hijo está atravesando una época muy importante de su vida y que usted tiene que encontrar poco a poco una nueva manera de relacionarse con él. Su hijo es ahora un adolescente, con nuevos gustos e intereses, y usted no puede pretender seguir tratándolo como lo hacía cuando era un niño pequeño. Él cambió y, en la misma medida, necesita que usted cambie su manera de tratarlo. Ahora bien, todos esos cambios no significan que ustedes no puedan acercarse otra vez y volver a redescubrir juntos todas las cosas buenas y los buenos sentimientos que los unieron años atrás.

Usted tiene que hablar mucho con él y encontrar momentos especiales en que puedan volver a compartir como lo hacían antes.

Por otra parte, si su hijo tiene actitudes y comportamientos que usted encuentra definitivamente inadecuados, usted también tiene que poner los límites pertinentes y no permitir que porque su hijo está creciendo se convierta en una mala persona. Al igual que con las pataletas de los niños pequeños, nunca me cansaré de insistir en que también está en manos de los padres guiar la rebeldía normal de la adolescencia hacia una madurez sana, a través de las reglas y los límites que regulen el comportamiento de los muchachos. Desde luego esas normas tendrán que ser ahora quizás un poco más flexibles y distintas de las de cuando estaban chiquitos, pero nunca deben desaparecer y dejar que los hijos adolescentes gocen de una libertad ilimitada.

> No me gustan los amigos de mi hijo de catorce años. Algo me dice que no le convienen, pero no sé cómo enfrentar este tema sin terminar en una batalla.

Durante la preadolescencia y la adolescencia las amistades son extremadamente importantes y por eso éste es un tema que se debe tratar con los hijos con mucho cuidado. Cuando nuestros hijos tengan amigos que no nos gusten tenemos que decírselos, pero de manera muy diplomática. No es conveniente prohibirles tajantemente una amistad sino en el caso de que ésta represente realmente una influencia muy nociva o una situación de riesgo para ellos. Debemos hacerles ver por qué creemos que no les conviene ese amigo y, en lo posible, dificultarles que lo vean con mucha frecuencia, para que sea más fácil irlos alejando.

Por otra parte, es importante preguntarse por qué nuestros hijos están buscando amistades que no les convienen. Quizás hay algo que les está faltando en la casa y lo están buscando por fuera. Hay que preguntarse qué podemos hacer nosotros como padres para satisfacer esas necesidades y así darles un golpe mortal a las malas amistades.

Desde luego, cuando le digamos a nuestro hijo que tal o cual amigo no nos gusta, debemos tener argumentos válidos. No podemos oponernos a una amistad simplemente por prejuicios sociales o porque ese amigo nos recuerda a alguien que a nosotros no nos gusta. La interferencia en las amistades de nuestros hijos sólo se justifica si realmente ellos corren peligro al lado de esos amigos, o si pueden aprender conductas inadecuadas y malsanas, que puedan hacerles daño.

Como dije antes, en esta etapa de la vida los amigos son muy importantes y para un joven ser aceptado y pertenecer a un grupo es uno de los caminos principales hacia la afirmación personal y la búsqueda de la identidad. Durante este tiempo, la opinión de los amigos pesará mucho más que la de los papás y nosotros debemos comprender que ésa es una situación natural y aprender a manejarla con inteligencia. Por otro lado, podemos tratar de contrarrestar esa enorme dependencia de los amigos acercándonos a nuestros hijos y tratando de establecer con ellos rutinas y programas en los que compartamos tiempo e intereses.

A veces, en la euforia de la rebeldía, nuestros hijos tenderán a buscar amistades que sean exactamente el opuesto a la familia, pero por lo general esto será temporal y en esos casos es mejor no intervenir y esperar pacientemente a que nuestro hijo cambie por sí solo de amigos, reservando las energías para situaciones en las que definitivamente sí haya que interferir.

En la preadolescencia y la adolescencia uno ya no puede hacer las cosas por los hijos y debe confiar en que ellos pueden resolver solos la mayoría de sus problemas. Por eso en estos casos lo más útil será ofrecerles de manera amable nuestro consejo y nuestra guía, pero abstenernos de interferir en sus amistades, a menos, repito, que haya una situación de verdadero peligro.

> **No me gusta la ropa que usa mi hija ni la música que oye, pero cuando se lo digo se pone furiosa y terminamos peleando. ¿Vale la pena pelear por esas cosas?**

A la mayoría de los padres no nos gusta la ropa que usan nuestros hijos. Por lo general nos parece muy informal y a veces casi sucia y descuidada. Y con respecto a la música, aunque hay de todo, es verdad que cierto tipo de música parece muy agresivo y lúgubre. Sin embargo, hay que tener cuidado de no irse lanza en ristre contra los gustos de los hijos, porque eso los hace sentirse rechazados. Hay que evaluar qué es lo verdaderamente importante y no preocuparse por las cosas superficiales y pasajeras, como puede ser, en la mayoría de los casos, el gusto para vestirse.

De todas maneras, sabemos que los adolescentes necesitan límites y, si hay algo que realmente le moleste mucho a usted del comportamiento de su hija porque le parece inadecuado, usted puede tratar de hablar tranquilamente con ella sobre el tema, explicarle las razones de su preocupación y buscar acuerdos para que algunos días, por ejemplo, se vista de otro modo, o diversifique un poco la música que oye. Lo importante ahí es no hacer un ataque frontal y prohibirle sus gustos, sino generar un poco de discusión al respecto.

> **Tengo un hijo de dieciséis años que no hace otra cosa que criticarnos todo el día a sus padres y a su familia, y especialmente a mí, su mamá. No quiere que yo participe en nada de lo que tiene que ver con él.**

La adolescencia es la etapa en la que los jóvenes se afirman como personas autónomas e independientes de sus padres y suele suceder que en ese intento por definir su identidad sientan que tienen que empezar por oponerse a todo lo que hasta ahora han tenido como modelo, es decir, los padres, principalmente. Eso es parte de la famosa rebeldía de la adolescencia, que se manifiesta en las críticas a todo lo que hacemos y, en general, en una actitud negativa hacia todo lo que viene de los padres.

Mi primera recomendación, entonces, es tratar de no tomarse personalmente todo lo que el joven dice y entender que esa descalificación de las actitudes y las opiniones de los padres es sólo un mecanismo que usa el adolescente para formar su propia identidad y personalidad. Entender que ésa es una actitud temporal y que el adolescente no es su enemigo, sino una persona que está empezando a tener opiniones propias que, al comienzo, tenderán a ser opuestas a las de los padres.

Por otro lado, la segunda recomendación es hablar con el adolescente y hacerle ver que su actitud es agresiva e inaceptable y nunca permitir que su hijo le falte al respeto. Yo estoy convencida de que en la mayoría de los casos está en las manos de los padres definir lo que sus hijos pueden y no pueden hacer y fijar las reglas de juego. Desde luego que los hijos tienen derecho a tener sus propias opiniones y maneras de ser, y de hecho ésa es una actitud que se debe promover, pero también deben aprender que no es necesario herir a los demás ni ser insolentes o irreverentes con sus mayores.

Hable, entonces, con su hijo y muéstrele lo difícil que resulta su comportamiento. Destape el juego del muchacho y hágale ver que esa actitud negativa no es buena para él ni para usted y que usted es una persona que también tiene sentimientos y emociones, que él no es el único que siente y que, por el bien de todos, lo mejor es que busquen llegar a algunos acuerdos que les permitan, a los dos, volver a descubrir lo bueno del otro y construir una relación nueva, como dos personas sensatas que son. Recuerde siempre que los adolescentes agradecen mucho que se les hable con honestidad y franqueza y que ésa es la mejor manera de incitarlos a colaborar.

> **La adolescencia de mi hijo ha sido especialmente rebelde. ¿Tendrá algo que ver con nuestra separación, hace cinco años?**

Los adolescentes especialmente rebeldes por lo general son jóvenes que han sido muy apegados y protegidos por sus padres durante la infancia y que, al llegar a la adolescencia, el momento en que están buscando definir su identidad y su personalidad, tienden a adoptar las posiciones más opuestas a las de sus padres, para afirmarse así como personas autónomas e independientes.

Por otra parte, sí es muy probable que el exceso de rebeldía tenga que ver con la separación de sus padres hace años, en la medida en que el desorden hormonal y el estado de impulsividad propios de la adolescencia pueden propiciar la salida de emociones y sentimientos que tal vez estaban reprimidos desde los años escolares. Es probable que sólo hasta ahora su hijo esté ventilando la rabia y el dolor que le produjo la separación y por eso estalla contra ustedes todo el tiempo. Vale la pena, en este caso, buscar la ayuda de un especialista que les ayude a todos, por medio de una terapia, a resolver las cosas que quedaron inconclusas en el momento de la separación y a reconciliarse con lo que pasó y con lo que están viviendo actualmente.

La adolescencia es una época en que los jóvenes están especialmente vulnerables debido a la cantidad de cambios que están viviendo y de nuevos estímulos que están recibiendo. Por eso no es de extrañar que ése sea el momento en que salgan a flote las pequeñas debilidades que todos tenemos. Pero lo importante es saber que con un poco de ayuda psicológica y mucho apoyo, los jóvenes salen adelante. Por eso no hay que asustarse ni sentirse culpable, sino reaccionar rápidamente y buscar la manera de ayudar a los jóvenes a manejar su rebeldía.

> Mi hijo de catorce años fue a una fiesta el otro día y llegó borracho. Es la primera vez que esto pasa, pero yo me preocupé mucho porque en mi familia hay historia de adicciones. ¿Estaré dándole demasiada importancia a algo que no lo merece?

Las investigaciones muestran de manera clara que ingerir alcohol antes de los dieciocho años de manera regular aumenta en cinco veces las posibilidades de desarrollar una adicción. También son contundentes en mostrar que el alcohol es tóxico para un cerebro joven. Por eso ninguna preocupación de los padres con respecto al alcohol es excesiva, pues éste es uno de los temas más críticos cuando se tienen hijos adolescentes y preadolescentes.

Estoy convencida de que un niño de catorce años no tiene la madurez social, ni la madurez emocional ni cerebral para manejar el alcohol. Por eso me parece muy peligrosa la permisividad de la sociedad con el alcohol y especialmente en las fiestas de jóvenes. Creo que los padres debemos supervisar activamente el consumo de alcohol por parte de nuestros hijos y ser tajantes en que una situación como la que usted describe no se debe volver a repetir.

Un elemento muy importante en este tema es el ejemplo. Los padres debemos dar un buen ejemplo con respecto al uso del alcohol y jamás caer en situaciones inadecuadas como esa famosa costumbre de darles bebidas alcohólicas a los niños desde chiquitos porque se está celebrando. Con acciones como ésa les estamos mandando un mensaje muy malo a nuestros hijos.

Por otra parte, si además hay una historia de adicciones en la familia, los padres deben extremar los cuidados en el tema del alcohol, porque es muy fácil que un niño que tiene predisposición genética caiga en el abismo de una adicción cuando se le presenta un problema serio. En estos casos es clave trabajar en un buen manejo de las emociones, pues los problemas emocionales tienden a ser el túnel por el cual muchos jóvenes caen en el uso de una sustancia que los ayude a sobrellevar una tristeza o una situación difícil, y ahí es cuando se llega a la adicción.

Tenemos hijos adolescentes y los permisos para las salidas se nos han vuelto un problema terrible. ¿Cuál es la mejor manera de manejar los permisos?

Los permisos son uno de los principales dolores de

cabeza de los padres de adolescentes, pero eso no tiene que ser así. La clave está en que los papás estén preparados y tengan la sartén por el mango desde el principio. Tan pronto como los hijos empiecen a querer salir solos, los dos padres deben sentarse a definir de común acuerdo un plan para las salidas, con reglas claras y horas definidas. Es un hecho que todos los niños van a ser adolescentes algún día, y por eso vale la pena que los papás le dediquen un poco de reflexión al tema de los horarios y las salidas con cierta anticipación, para que la realidad no los tome por sorpresa.

Los adolescentes necesitan salir y socializar, eso es parte fundamental de su vida, y en la medida en que los papás hayan logrado tener una buena relación con sus hijos desde pequeños, podrán aconsejarlos acerca de las amistades y los sitios que frecuentan. Antes de los quince años lo mejor es que los muchachos salgan en grupos grandes, porque de esa manera estarán más seguros en muchos aspectos. Y ya cuando empiecen a hacer salidas individuales, los papás podrán ir fijando reglas claras acerca de las horas de llegada, la cantidad de salidas por semana, las salidas durante los fines de semana, etc., y acordando con los hijos un esquema que les permita a todos saber con qué pueden contar. Un esquema que funciona muy bien, por ejemplo, es decirles a los hijos que sólo pueden salir el viernes o el sábado por la noche y definir inicialmente la hora de llegada a las once. Progresivamente, y en la medida en que su hijo cumpla ese horario, usted puede ir corriendo la hora de llegada de común acuerdo con el muchacho.

Otra recomendación que me parece importante es no permitir que sus hijos pasen todo el fin de semana con los amigos y que nunca se les vea por la casa. El joven debe saber que el fin de semana es un tiempo que debe repartir entre la familia y los amigos y por eso es bueno institucionalizar un momento durante el fin de semana que todos reserven para estar en familia.

La clave, entonces, es tener ese esquema en mente desde antes de que el muchacho pida el permiso, e ir negociando los detalles sobre la marcha.

Y ¿qué pasa con el tema de las fiestas de los hijos adolescentes? ¿Podría darnos algunas pautas para manejar ese difícil asunto?

En efecto, las fiestas son uno de los temas más difíciles de lidiar con los adolescentes y una de las mayores preocupaciones de los padres. Se preguntan a qué fiestas dejarlos ir, si deben servirles o permitirles que consuman alcohol, dónde poner los límites de las cosas que pueden suceder en una fiesta.

La primera recomendación con respecto a las fiestas de los hijos, y la más importante, es que los padres siempre deben actuar de acuerdo con lo que les dicte su conciencia y su propio criterio, sin dejarse influenciar ni por lo que hacen los demás ni por lo que les piden sus hijos. Cada uno debe tener una idea clara de la manera como quiere educar a sus hijos y actuar en consecuencia, de manera que no haya incoherencias entre lo que los padres dicen y piensan y lo que les dejan hacer a sus hijos.

Con relación a qué fiestas pueden o deben dejarlos ir, me parece que lo más útil es poner un límite claro; por ejemplo, que sólo pueden ir a fiestas en las que vayan a estar presentes los padres del joven que da la fiesta y donde usted conozca por lo menos a algunos de los que van a asistir. Creo que no es prudente dejarlos ir a discotecas y bares, por los menos a los más jóvenes, pues son sitios abiertos donde pueden presentarse más peligros. Para los adolescentes, especialmente cuando se están iniciando en la vida social, es muy importante salir e ir a reuniones y fiestas, pero no es aconsejable darles total libertad y dejarlos ir a todas partes sin ningún control, porque ellos todavía no tienen el suficiente criterio para saber dónde pueden estar en riesgo. Por eso recomiendo ser muy firme en las reglas que usted fije, aunque ellas despierten mucho rechazo por parte de los jóvenes. Piense que tarde o temprano ellos mismos se darán cuenta de que todo eso es por su bien. Como con las pataletas de los pequeños, no hay que tenerle miedo a la rebeldía de los jóvenes, porque después de todo es deber de los padres orientar a los hijos por el buen camino y protegerlos de los peligros.

En cuanto al alcohol, como lo dije en una pregunta anterior, yo no creo que sea conveniente que muchachos menores de dieciocho años estén tomando trago sin ningún control, y no recomiendo servir bebidas alcohólicas en la fiestas de adolescentes. Es un hecho que el alcohol es casi un veneno para el cerebro de los jóvenes, y que puede crear fácilmente una adicción en un muchacho que tenga una tendencia adictiva, o que lo comience a usar como muleta para superar ciertas debilidades o como un medio de evadirse de alguna preocupación. Creo que los padres deben hablar con sus hijos sobre los peligros del alcohol y ser muy firmes en la decisión de controlar el consumo de sus hijos, así eso enfurezca a los muchachos.

Con relación a las cosas que se deben o no permitir en una fiesta, creo que la decisión depende mucho del criterio de los padres y que lo más importante es poner los límites con claridad y no tener miedo de intervenir en el momento en que las cosas se están pasando de la raya. Hay que hablar honesta y abiertamente con los hijos y ellos deben entender que traspasar los límites traerá necesariamente una consecuencia negativa. Recuerden que si se dejan pasar ciertas cosas, luego será imposible volver al cauce normal.

> Tengo dos hijos adolescentes, hombre y mujer, y siempre tengo dudas sobre si debo cuidar más a mi hija a la hora de dejarla salir. A veces eso no me parece justo y mi hija, desde luego, se enfurece cuando ve que su hermano tiene más libertad.

Lo primero que quisiera resaltar aquí es que los padres de hijos adolescentes debemos hacerles entender a nuestros hijos que a veces no los dejamos ir a ciertas partes no porque no confiemos en ellos, o porque no nos guste que salgan, sino porque vivimos en un mundo en el que hay muchos peligros para los jóvenes en general y es deber de los padres protegerlos en la medida de lo posible.

Partiendo de esa base, de que todos los jóvenes, hombres y mujeres, están expuestos hoy a muchos riesgos, sí podemos entrar a discriminar si las mujeres corren más peligro que los hombres. Ésa es la creencia tradicional y yo creo que se apoya en dos situaciones concretas: primero, es un hecho que las mujeres, por lo general, tienen menos fuerza que los hombres y eso las pone en desventaja a la hora de defenderse de un ataque. Segundo, las mujeres pueden quedar embarazadas si se presenta una violación y ésa es una situación muy difícil de manejar. Por otro lado, también los jovencitos están expuestos hoy a muchos riesgos, pues no sólo los pueden atacar para robarlos o algo así, sino que también pueden caer en manos de pervertidos que pueden abusar de ellos a nivel sexual.

En resumen, creo que lo más importante es siempre evaluar las situaciones de manera objetiva y explicarles bien a nuestros hijos por qué no los dejamos ir a ciertos lugares y que la mejor manera de protegerse, a veces, es prevenir y evitar exponerse a situaciones en las que uno esté en una posición muy vulnerable.

> **Descubrí que mi hija de trece años está entrando a sitios pornográficos del internet y que a veces tiene chats sobre temas sexuales. ¿Cómo puedo manejar eso?**

No sé cómo se enteró usted, pero en todo caso la primera recomendación que quisiera hacer es que no es bueno estar husmeado entre las cosas de los hijos ni metiéndose en su vida privada, pues eso es síntoma de que no confiamos en ellos y un pésimo precedente para cualquier relación.

Ahora bien, como ya usted descubrió lo que ha estado haciendo su hija, pienso que lo principal es hablar con ella y hacerle saber que usted sabe lo que está pasando y discutir un poco sobre la conveniencia de usar el internet sólo para explorar los temas sexuales, cuando hay tantas cosas maravillosas que se pueden descubrir con esta nueva tecnología. Hágale ver los inconvenientes de estar ventilando sus dudas y sus angustias más íntimas en un espacio donde cualquiera puede entrar y los peligros de caer en manos de una persona perversa, que termine dándole información errada y creando más confusión.

Es un hecho que los jovencitos por lo general se sienten muy atraídos hacia los temas sexuales y que el internet les brinda a muchos la oportunidad única de hablar, en medio de un aparente anonimato, de un tema plagado de dudas y preguntas que nunca se atreverían a hacer frente a otra persona. Ese aparente anonimato los desinhibe y por eso no es extraño que a los jóvenes les guste usar el internet para explorar los temas sexuales. En esa medida es bueno que los padres piensen en ejercer un poco de control sobre el internet en su casa y busquen la manera de filtrar la información que pueden recibir sus hijos.

> **A mi hija de dieciséis años le ha dado últimamente por hacer dieta. La verdad es que sí estaba un poco gordita y con la dieta ha rebajado algunos kilos que realmente le sobraban y ahora se ve mejor. Pero me preocupa que éste pueda ser el comienzo de una anorexia o algo así.**

Si realmente su hija estaba un poco gordita y decidió hacer dieta para bajar esos kilos de más y después siguió una alimentación saludable y nutritiva, no hay ningún problema. El problema surge cuando las niñas siguen haciendo una dieta muy estricta después de llegar al peso ideal y se vuelven demasiado conscientes de la comida.

Hoy día los trastornos de la alimentación se han vuelto muy comunes entre la juventud y con frecuencia se ven niñas que deciden no comer y casi se matan de hambre, literalmente. Como los jóvenes están en un momento de la vida en que pueden controlar muy pocas cosas, pues todavía dependen mucho de sus padres, el peso puede volverse un tema muy importante para algunos, porque es una cosa que ellos pueden controlar sin que nadie interfiera, y en esa medida se puede volver una obsesión. Y cuando esto se suma a una serie de condiciones de angustia y problemas de relación y adaptación, es cuando se presenta la anorexia y los otros trastornos alimenticios, que requieren la intervención pronta de un especialista.

Pero vale la pena aclarar que los trastornos alimenticios son mucho más complejos que hacer una simple dieta y no hay razón para asustarse si su hija sólo quiere bajar los kilos que le sobran y usted no la siente obsesionada con la comida ni perturbada de una manera particular. Por eso, a menos de que usted sienta que hay algo más, mi recomendación es que apoye a su hija con la dieta, sin darle más vueltas al asunto, pues no todo lo que tiene que ver con la comida termina en una anorexia.

Por otra parte, y ya como una observación general para cualquier padre, me parece sano que nunca propiciemos en nuestra casa la preocupación constante por la parte física, ni vivamos pendientes de si nuestros hijos, especialmente las hijas mujeres, están gordas o flacas, o de cuánto o qué comen. La comida es un tema que se puede volver fácilmente una obsesión y lo mejor para mantenernos alejados de los problemas es no incitar a nuestros hijos a concederle tanta importancia.

> **Tengo una hija bonita y simpática, que es muy popular entre sus compañeros y vive llena de amigos. Eso me parece muy positivo, pero a veces me preocupa que ese "exceso" de popularidad sea tomado por algunos en el mal sentido. ¿Cómo se puede manejar esa situación?**

Usted tiene razón, es muy bueno que su hija tenga muchos amigos y sea popular entre sus compañeros. El desarrollo de buenas habilidades sociales es una de las cosas más útiles e importantes para la vida adulta.

Por otro lado, durante la adolescencia, especialmente entre los catorce y los veinte años, muchas niñas que son bonitas y populares pueden llegar a confundirse un poco y pensar que lo más importante en la vida son las cualidades físicas y la atracción que ellas generan, especialmente en los muchachos. Si éste es el caso, los padres sí deben preocuparse y hablar con sus hijas para hacerles ver que tienen otros atributos y otras cualidades que también son valiosas y que deben desarrollar para ser personas más íntegras. Mostrarles que los atributos físicos no deben ser el centro de su vida sino un complemento de su personalidad y que la única manera de tener amigos no es ceder a todos los deseos y los impulsos, sino construir amistades en las que se valoren todas las cualidades de las personas.

Por lo general las niñas que caen en este tipo de situación tienen personalidades débiles e inseguras y baja autoestima. Ésa es la razón por la que creen que la única cosa valiosa que poseen son sus atributos físicos y que ellos son su único medio de conseguir afecto. Por eso en estos casos los padres no sólo deben hablar con sus hijas, sino ayudarles a mejorar su concepto de sí mismas y su amor propio.

Pero si usted no nota ninguno de estos rasgos en su hija, como parece ser su caso, no se preocupe y deje que su hija disfrute de su popularidad, que será una de sus mayores fortalezas en la vida.

Tengo un hijo adolescente y todo el mundo me dice que debería tener con él una charla sobre sexo, pero la verdad es que no sé cómo empezar ni qué decirle. ¿Podría darme algunas pautas para esta charla?

La primera recomendación es que si usted no tiene claro lo que le va a decir, ni se siente cómoda para iniciar la charla, lo mejor es que la posponga hasta que se informe y se documente sobre el tema y sepa cómo lo va a enfrentar. Puede ser más perjudicial para su hijo recibir de su parte un mensaje confuso sobre el sexo, que simplemente no tocar el tema con usted.

Por otro lado, le sugiero tratar de acordarse de sus propias experiencias con el sexo a esa edad. Cuáles eran sus temores, cuáles eran sus preocupaciones, cómo fueron sus primeros encuentros. Con seguridad de ahí saldrán muchas cosas que podrá compartir con su hijo.

En general yo pienso que, especialmente hoy día, todo lo que nosotros no hablemos con nuestros hijos directamente de todas maneras lo van a saber por otro lado y lo mejor es que reciban buena información de nuestros labios y no vía la televisión o el internet. Por eso me parece importante que todos los padres abramos en la relación con nuestros hijos un espacio en el que podamos hablar sobre el sexo directa y tranquilamente.

> **Tengo un hijo adolescente al que le gusta mucho la música y que tiene su propia banda. Me preocupa mucho que a través de la música vaya a empezar a consumir drogas.**

Ésta es una preocupación constante de los papás cuyos hijos tienen bandas musicales, pues es un hecho que en ese mundo suele moverse más la droga. Sin embargo, si usted conoce bien a su hijo, sabe que es una persona con buenos valores y sólidamente estructurada, confía en él y además está al tanto de sus actividades, puede estar segura de que no va a pasar nada.

Sin embargo, si su hijo parece tener una personalidad adictiva, o está pasando por una época de mucha turbulencia emocional, o comparte la banda con muchachos muy alocados que pueden ser una mala influencia, sí debe preocuparse porque la confluencia de todas estas condiciones puede desembocar en una adicción. Una cosa muy importante es conocer a los otros miembros de la banda y estar muy pendiente de ver si éstos ejercen una presión negativa sobre su hijo y éste empieza a cambiar sus actitudes y su forma de vestir o su forma de hablar. Si ése es el caso, recomiendo que los papás intervengan enseguida.

La música puede ser una afición estupenda para un joven y una actividad que le dé un sentido de propósito y de logro muy claro en la vida. Además, no necesariamente las bandas musicales juveniles tienen que consumir droga. Por eso es muy importante evaluar muy bien si realmente hay algo en las actividades musicales de su hijo que no sea apropiado, antes de decidir si interviene o no.

> **Soy madre de un par de adolescentes y quisiera saber cuáles son las señales a las que hay que estar atento para darse cuenta de que un muchacho está consumiendo sustancias nocivas.**

Las señales de la drogadicción no siempre son muy claras y a veces hay que tener un ojo entrenado para detectar un problema de adicción. Sin embargo, soy una convencida de que si los papás conocen bien a sus hijos, rápidamente se darán cuenta si los jóvenes están consumiendo algo nocivo, pues notarán cambios en su comportamiento, por sutiles que sean.

Por lo general un muchacho que está consumiendo drogas empieza a sufrir muchos cambios. Cambia su forma de hablar, su forma de vestir, sus horas de dormir, sus hábitos alimenticios, puede empezar a no comer, por ejemplo, y en general se aleja un poco de la casa. Empieza a frecuentar nuevos amigos, puede adoptar una actitud un poco más pasiva que lo normal, su rendimiento escolar tiende a bajar y descuida no sólo su aspecto personal sino muchas otras cosas que antes le preocupaban.

Un muchacho que está consumiendo marihuana con frecuencia mantendrá los ojos rojos. Sin embargo, hoy día hay sustancias como el éxtasis, que son más difíciles de detectar porque no dejan señales claras como los ojos rojos de la marihuana o el tufo del alcohol. En estos casos el único indicio será que el muchacho regresa muy tarde, generalmente a la madrugada, sin signos de haber consumido alcohol, pero muy agitado y aparentemente todavía con mucha energía para seguirse moviendo. El éxtasis es una sustancia de fácil adquisición, que se consigue a un precio razonable y que resulta muy atractiva para los jóvenes porque la promocionan como la droga de la felicidad, que los hace sentir bien sin alterar sus sentidos. Por eso no es aconsejable permitir que los hijos adolescentes estén fuera de la casa hasta la madrugada o que pasen la noche en una fiesta, y siempre hay que estar muy atento a cualquier cambio de comportamiento, de hábitos o de amistades, pues ése puede ser el indicio de que algo raro está comenzando a pasar.

> **Y ¿qué hay del cigarrillo?** Yo ya fui fumadora y me costó mucho trabajo dejarlo, pero no creo que sirva de nada prohibirle a mi hija fumar en este momento. ¿Cómo puedo manejar el asunto?

Es un hecho que prohibírselo del todo no va a servir de nada, en primer lugar porque usted no va a poder controlar a su hija todo el tiempo. Por eso le sugiero que trate de ponerle algunos límites al hábito del cigarrillo y, por ejemplo, que no le permita fumar en la casa o cuando esté con usted. Explíquele que usted ya pasó por ahí, que conoce los efectos del cigarrillo y sabe lo difícil que es dejar ese hábito después. Muéstrele alguno de los miles de estudios que prueban que fumar es nocivo para la salud e insístale en que lo mejor es no adquirir ese hábito. Desde luego, nunca caiga en la tentación de facilitarle un cigarrillo o fumar con ella.

En la medida en que usted sea constante en mostrarle que no le gusta que ella fume y en ponerle algunos límites, su hija se verá obligada a desarrollar un poco de autocontrol y, con el tiempo y un poco de suerte, puede que disminuya el consumo de tabaco o deje definitivamente de fumar.

> **Mi hija adolescente quiere hacerse un *piercing* y a mí me parece espantoso. ¿Qué aconseja usted sobre eso?**

Al igual que con la mayoría de las cosas en la adolescencia, la posición de los padres frente al *piercing* es una decisión absolutamente individual, que cada uno debe tomar de acuerdo con su propio criterio y manera de pensar, sin dejarse influenciar por lo que hacen los demás. Si a usted el asunto le parece espantoso, como dice, pues entonces no deje que su hija se lo haga.

En mi opinión el *piercing* tiene dos problemas grandes y por eso yo en general me opongo a que los jóvenes se lo hagan. En primer lugar, es un cambio irreversible, que posiblemente les produzca unos cuantos momentos de satisfacción, pero que después de unos meses o años, cuando el joven se arrepienta de tenerlo, ya le quedará muy difícil quitárselo y posiblemente tendrá que vivir con él por el resto de su vida. En segundo lugar, se ha visto que dependiendo del sitio en que se lo hagan, el *piercing* puede ser peligroso para la salud. El *piercing* en la lengua, por ejemplo, parece acarrear muchos problemas, al igual que el que se hacen en el ombligo, especialmente en el caso de las jovencitas que en el futuro quieren quedar embarazadas. Según algunas medicinas alternativas, también la oreja es un sitio delicado para hacer cualquier tipo de incisión, pues allí están representados todos los órganos del cuerpo.

Creo que lo mejor que uno puede hacer si su hijo adolescente quiere hacerse un piercing es mostrarle todas las desventajas que esto puede traer y tratar de convencerlo de que no se lo haga. Desde luego, pienso que ningún padre se lo debe facilitar ni darle el dinero necesario, pues me parece una moda que no se debe reforzar.

> **Mi hija tiene dieciocho años y su novio se la pasa metido en el cuarto de ella en nuestra casa. Yo confío mucho en el buen criterio de mi hija, pero me pregunto si tanta permisividad no será perjudicial.**

Yo creo que lo mejor en estos casos es hablar con los hijos de la manera más honesta y abierta posible y explicarles que el hecho de estar todo el tiempo con el novio en el cuarto es una situación inapropiada y que puede propiciar situaciones a las que tal vez ninguno de los dos quiera llegar todavía y de las cuales se arrepentirán más tarde. Y, como en la respuesta anterior, explicarles que la mejor forma de prevenir los problemas es no exponerse a situaciones de riesgo.

Mi hijo adolescente se la pasa durmiendo. ¿Es eso motivo de alarma?

No. Los adolescentes por lo general necesitan dormir mucho, debido a la cantidad de energía que están gastando en procesos que son completamente nuevos para su cuerpo. Así que no se asuste si su hijo adolescente quiere dormir hasta el mediodía, pues ese cambio en los hábitos de sueño es una consecuencia normal de los cambios hormonales que suceden durante la adolescencia y no tiene nada que ver con el consumo de ninguna sustancia ni con ninguna anomalía.

Por otra parte, nuevamente recuerde que usted es quien fija las reglas de juego y puede poner el límite donde le parezca adecuado. Por ejemplo, puede decirle a su hijo que puede dormir máximo hasta las once de la mañana, pues a mediodía la casa ya tiene que estar arreglada.

> **Se acerca la temporada de vacaciones y estoy preocupada porque mi hijo adolescente por lo general se pasa todo el tiempo andando con los amigos o en la casa sin hacer nada, y cuando yo le digo algo dice que para eso son las vacaciones. ¿Cómo puedo manejar esa situación?**

La clave para esta situación es que los padres tengan de antemano un plan de vacaciones para sus hijos, es decir, un programa de actividades para desarrollar durante la época de vacaciones, de manera que el adolescente no se pase todo el tiempo buscando qué hacer por su cuenta. Desde luego este programa debe estar pensado con límites más flexibles y con más momentos de esparcimiento que durante la época escolar, pero lo importante es que incluya actividades estructuradas que hagan de la época de vacaciones una temporada útil y atractiva para el muchacho.

A muchos adolescentes les gusta, por ejemplo, y les aprovecha mucho tener una actividad laboral o algún tipo de responsabilidad, que puede incluir o no una remuneración. También se pueden beneficiar de tomar clases o cursos de actividades que no aprenden en el colegio. Una cosa muy útil, teniendo en cuenta que las vacaciones por lo general son de uno o dos meses, es dividirlas en temporadas, de manera que los muchachos puedan alcanzar distintos objetivos y hacer actividades diversas. La clave, repito, es hacer un plan interesante y atractivo antes de que el joven se quede sin nada qué hacer.

> **Mi hijo tiene veinte años y, aunque es bien parecido y simpático, nunca ha tenido novia. Eso me preocupa, pero no sé si debo intervenir en algo tan privado.**

No, no debe intervenir. Como usted bien lo dice, ésa es la vida privada de su hijo y ahí no cabe nadie más ni ningún comentario será bienvenido. Lo que sí puede hacer es propiciar una reflexión de parte de su hijo sobre su soledad, sobre sus relaciones interpersonales, sobre su manera de ser, sobre las razones que lo impulsan a mantenerse tan apegado a la casa y no salir a buscar suerte con otras personas. El hábito de preguntarse por qué hacemos lo que hacemos es una de las cosas claves a la hora de enfrentar problemas o situaciones difíciles y así debemos inculcárselo a nuestros hijos. Sólo en la medida en que cada persona se conozca bien y entienda sus comportamientos podrá cambiar lo que está mal y evolucionar.

Así, después de reflexionar un poco tal vez usted y su hijo descubran que él tiene miedo de sentirse vulnerable y por eso prefiere mantenerse en la seguridad del hogar y no exponerse a entablar una relación que le pueda traer algún dolor. En ese caso, usted debe hacerle ver que en la vida hay que soltarse y arriesgarse y permitirse a veces sufrir, pues sólo así se conoce la verdadera alegría.

Por otro lado, también usted puede reflexionar un poco sobre si hay algo en la dinámica familiar que haga que su hijo no esté interesado en salir. Tal vez él tiene todo lo que necesita dentro del hogar y por eso no se siente en la necesidad de buscar nuevas relaciones ni vínculos con el sexo opuesto. Si ése es el caso, mi sugerencia es que haga algunos cambios en la dinámica familiar, pues los hijos necesitan salir de la casa y tener otros amores, probar suerte en otros frentes y relacionarse con otras personas, porque eso es lo natural y la manera de prepararse para la vida. Y nuestro deber como padres es propiciar ese aprendizaje.

Mi hija de dieciocho años se la pasa oyendo música o viendo televisión, o si no en el computador. Tiene pocos amigos y casi nunca sale. ¿Debo preocuparme?

Como en la pregunta anterior, creo que lo mejor es no intervenir directamente, pero usted sí puede no sólo hacer reflexionar un poco a su hija sobre las razones para aislarse, sino propiciarle actividades y situaciones en las que pueda salir de la casa y conocer gente.

Los jóvenes tienen la tendencia a irse siempre a los extremos y usted debe tratar de mostrarle a su hija que estar tan sola no es conveniente. Es probable que ella haya tenido una mala experiencia con las relaciones interpersonales y por eso se está refugiando en la televisión y el computador, para protegerse del miedo que le produce volverse a enfrentar al escenario social. Pero hay que hacerle ver que encerrarse no es la solución y que aunque las relaciones con los demás a veces pueden ser difíciles, también son la fuente de grandes satisfacciones en la vida. Muéstrele, además, que la única forma de desarrollar unas buenas habilidades sociales y contrarrestar los temores es exponerse a situaciones en las que esté con otras personas, pues encerrada en la casa con el televisor y el computador nunca podrá aprender a relacionarse bien con los demás.

| A mi hijo adolescente se le mató un amigo en un accidente y está desolado. ¿Cómo puedo ayudarle?

Para un adolescente perder a un ser querido es una experiencia muy difícil y dolorosa, pues para ellos la muerte es algo muy lejano, que les cuesta mucho trabajo asimilar. Si su hijo perdió recientemente a un amigo, usted tiene que ayudarle a elaborar el duelo y entender que éste puede ser un proceso largo, durante el que se manifestarán una enorme gama de sentimientos.

Un duelo normalmente puede tomar entre seis meses y dos años, y en el caso de los adolescentes puede ser particularmente intenso debido a que están atravesando por una época de tanta turbulencia. De modo que hay que ser muy pacientes y no esperar que se repongan en unos pocos días. En algunas ocasiones, si este encuentro con la muerte coincide con una etapa especialmente complicada para el adolescente en su búsqueda de identidad, el duelo se puede volver más difícil de manejar y puede requerir de la intervención de un terapeuta especializado. Pero en la mayoría de los casos con el solo apoyo de los padres los jóvenes pueden salir adelante.

Lo principal en estas circunstancias es, entonces, entender y respetar el dolor del muchacho, aceptarle su tristeza y su rabia y estar siempre disponible para consolarlo y contestar sus preguntas. Usted puede leer con él libros sobre el tema y mostrarle personas a las que les haya pasado algo parecido y que han salido adelante, para que él entienda que lo que está sintiendo es normal y que poco a poco toda esa tristeza irá cediendo.

Usted también puede aprovechar este momento para hacer con su hijo algunas reflexiones alrededor de la vida y la muerte. Mostrarle que la muerte es una parte natural de la vida y que la desaparición de los seres queridos debe volverse una oportunidad para apreciar más la vida y para celebrar todas las cosas buenas que tenemos y el amor de los que nos rodean; una oportunidad para archivar todos los resentimientos y las amarguras y volver a poner en primer lugar las cosas verdaderamente importantes de la vida.

Tenga en cuenta que ante la adversidad siempre tenemos la oportunidad de elegir nuestra reacción, y esa reacción, y en general toda la actitud familiar ante temas como la muerte, por ejemplo, son las que determinarán y moldearán la manera como nuestro hijo enfrente las distintas experiencias difíciles de la vida.

> **Tengo un hijo de diecisiete años y recientemente hubo un suicidio en su curso. Hemos hablado mucho sobre el tema porque mi hijo es bastante depresivo y me asusta que piense alguna vez en suicidarse. ¿Qué puede llevar a un muchacho tan joven a suicidarse?**

Es lógico que el suicidio de alguien que conocemos, especialmente si es una persona joven, nos conmueva mucho a todos. Infortunadamente, la edad en que tiende a haber más suicidios sí es la adolescencia, debido a que es una época que puede ser a veces muy difícil y tormentosa para un muchacho, pero nunca hay que pensar que toda depresión o tristeza durante la adolescencia va a terminar en un suicidio. Sabemos que ésa es una época en que los jóvenes tienen muchas alteraciones del ánimo, pero en la medida en que confiemos en las herramientas de vida que les hemos dado, podemos estar seguros de que la mayoría sabrá salir adelante.

El suicidio sólo se presenta en casos de muchachos que están realmente enfermos, bien sea porque están empezando o tienen una enfermedad maniaco depresiva, o porque están atravesando por una depresión clínica, ya sea endógena, es decir, causada por un desequilibrio químico, o exógena, es decir, causada por la reacción a una situación externa, como pueden ser las malas relaciones con sus compañeros o con sus padres. Unos padres que vean a su hijo realmente muy deprimido, apático y desesperanzado deben buscar enseguida la ayuda de un especialista, con el fin de establecer si hay una depresión y empezar a tratarla, y de descubrir las causas antes de que el muchacho pueda recurrir a actos como el suicidio. Sin embargo, mientras los padres mantengamos una estrecha supervisión de los estados emocionales de nuestros hijos adolescentes, este tipo de situaciones podrán recibir atención oportuna y no habrá nada que lamentar.

Respecto a sus temores por la reacción de su hijo frente al suicidio del amigo, me parece acertado que usted haya decidido hablar mucho del tema y enfrentarlo con él. Creo que ésa es la mejor manera de ayudarlo a elaborar el duelo. Las reacciones de los adolescentes suelen ser muy intensas y él pasará por momentos de mucho dolor, o de furia o de desconcierto. Por eso usted debe estar ahí para hablarle, para contestar sus preguntas y a veces simplemente para consolarlo.

También creo que es importante hacerle ver todas las consecuencias negativas de un suicidio, el dolor que conlleva, la sensación de fracaso y la inutilidad de ese acto. A veces los jóvenes sólo ven la parte "glamorosa", si es que se puede decir así, del acto suicida, el protagonismo que le trae al que lo comete. Pero nunca podemos permitir que el suicidio aparezca como una idea atractiva y es deber de los padres contrarrestarla, mostrándoles a los hijos con nuestro amor todas las cosas buenas de la vida. Recordemos que un muchacho que se siente querido y apoyado rara vez recurrirá a una conducta destructiva.

Pautas generales para manejar
a los adolescentes

1. Al llegar a la adolescencia todo cambia y hay que fijar nuevas reglas a medida que los hijos crecen.

2. Los adolescentes están buscando su identidad y además tienen un gran bombardeo hormonal. Por eso su actitud ante la vida cambia; comienzan a hacer menos y a dar la impresión de que pierden el tiempo, pero no lo están perdiendo, están fantaseando con su futuro y haciendo ensayos mentales de lo que puede venir. Los sueños de los adolescentes tienen un propósito importante: es de ahí de donde nace su motivación.

3. A los adolescentes hay que ayudarlos a organizarse, pero sin violentarlos. Dígale a su hijo lo que espera de él y de su manejo del tiempo. Pero, ¡cuidado! Con los adolescentes hay que ser muy explícitos y claros a la hora de hablar y de escuchar.

4. Para los adolescentes las comparaciones son par-

ticularmente odiosas. Nunca regañe a su hijo comparándolo con alguien que hace las cosas mejor que él. Dígale lo que le molesta de su forma de actuar, pero nunca esconda sus sentimientos detrás de una comparación.

5. En la adolescencia, sermonear a los hijos no sirve para nada, lo que uno les diga les entra por un oído y les sale por el otro. Antes de regañar a su hijo adolescente, reflexione sobre el motivo del regaño. ¿Será una costumbre heredada, o algo que le sirve a usted para desahogarse? Para los adolescentes los sermones son una manifestación de falta de confianza, y por eso no les gustan y se los toman a mal. Cuando tienen hijos adolescentes, los padres deben aprender a cambiar las cantaletas por alguna otra conducta a través de la cual puedan desahogarse. Una estrategia muy útil es alejarse en el momento en que sienten el impulso de regañar y decírselo a sus hijos tal cual: "Me voy porque tengo ganas de decir cosas hirientes y no quiero hacerlo". Los adolescentes agradecerán la sinceridad.

6. Otra regla de oro en la adolescencia es respetar el

derecho a la privacidad de nuestros hijos. A ellos les molesta que los papás se entrometan en todo lo que les pasa. Los padres deben estar ahí y escuchar sin hacer muchas preguntas, pero también deben ser conscientes de que sus hijos no les van a contar todo y aceptarlo. Nunca hay que abrir las cartas de los hijos adolescentes, ni mirar su correo electrónico, ni escuchar sus conversaciones o contarle a alguien más lo que ellos le han confiado a usted. Los adolescentes son muy celosos de su intimidad y para tener una buena relación con ellos hay que respetar eso.

7. Los padres nunca deben engancharse en conflictos con los estados emocionales de sus hijos adolescentes. Hay que recordar que el bombardeo hormonal los vuelve inestables, irascibles e impredecibles, y por eso ni siquiera hay que tratar de entender qué les pasa. Simplemente hay que estar ahí, validar sus sentimientos y tratar de ayudarlos a buscar opciones, pero nunca castigarlos ni acosarlos a preguntas. Hay que dejar que ellos resuelvan sus propios problemas. Ejercer mucho control sobre un adolescente puede hacerlo caer en estados emocionales aun más difíciles. Hay que dar-

les tiempo y espacio para que encuentren por ellos mismos un camino para salir de sus angustias.

8. En la adolescencia también hay que poner límites, aunque unos límites más flexibles que los de etapas anteriores. Es importante que usted y sus hijos adolescentes sepan qué esperar uno de otros y qué es aceptable y qué no. Los límites, las responsabilidades y los privilegios se desarrollan de acuerdo con las necesidades de todos. Hay que hablar mucho y llegar a acuerdos, y revisar esos acuerdos con cierta regularidad.

9. En la adolescencia es especialmente importante apoyar los talentos de los hijos. Es necesario que estemos pendientes de sus intereses y si éstos coinciden con sus talentos y habilidades. Ellos tomarán sus propias decisiones, pero la orientación de los padres es esencial. Hay que ayudarlos a enfrentar sus éxitos y sus fracasos, para que descubran con base en su propia experiencia lo que les gusta y lo que no.

10. Tener una actitud positiva frente a la adolescencia va a ser muy útil tanto para usted como para sus hijos adolescentes, pues eso les permitirá salir

fortalecidos de este proceso. Fíjese que sólo hay que ser conscientes de lo que les está pasando y entender que nuestro rol como padres no cambia esencialmente, pues debemos seguir siendo los guías amorosos de nuestros hijos.

Preguntas y respuestas sobre temas generales de la crianza

La crianza como tal debe ser una etapa de gran calidad de vida. Como decía Sai Baba: "Hay que sumarle vida a los años y no años a la vida".

> ¿Cómo afectan los viajes de los papás a los niños pequeños? ¿Qué se puede hacer para que el niño no se sienta abandonado cuando los papás tienen que viajar? ¿Cuál debe ser la duración máxima de un viaje para que el niño no se afecte?

No hay una respuesta única a estas preguntas, pues el impacto de un viaje depende del vínculo que se haya desarrollado entre los padres y el niño. Cuando un niño se siente seguro de su relación con los papás, le afectará menos su ausencia. Las teorías psicoanalíticas hablan mucho de la importancia de crear un vínculo fuerte y estable. Este vínculo se establece durante el primer año de vida. Si hay una ausencia larga durante este período, ésta puede afectar negativamente al bebé. El niño aprende sobre el mundo y decide si puede confiar en él a través de la relación con sus padres. Por medio de ese vínculo desarrolla el concepto de un mundo bueno y amable o malo y hostil. Si el pequeño se queda sin el apoyo de sus padres durante un tiempo muy largo, puede llegar a creer que el mundo es malo y se va a atemorizar.

Lo importante a la hora de viajar es dejar al niño en buenas manos. Ojalá no tenga que cambiar de casa ni modificar su rutina. Si esto no es posible, hay que llevarle juguetes o muñecos que le sean familiares, pues los pequeños son muy sensibles a los cambios.

Por otra parte, los niños pequeños no tienen un concepto claro del tiempo y por tanto no perciben una diferencia muy grande entre un viaje de dos días o uno de una semana. Es normal que el niño eche de menos a sus papás. Si ya habla y pregunta por ellos, hay que contestarle la verdad, decirle que "no están pero que vuelven pronto". Llamar por teléfono o grabar la voz también es bueno para aliviar la ausencia. Si la mamá o el papá se angustian mucho con la idea de dejar solo al niño es mejor que no lo hagan, porque éste puede percibir esa ansiedad y eso complicará las cosas.

A veces es muy difícil, sobre todo para las mamás, separarse de sus hijos pequeños. En ese caso hay que sopesar concienzudamente los beneficios del viaje, especialmente si se trata de un viaje opcional para acompañar al marido, pues en una relación conyugal también puede ser muy provechoso que la pareja pase un tiempo sola, sin los hijos. Ésa es una decisión individual y cada quien debe hacer lo que su corazón le dicte.

> **Tengo dos niños pequeños y tengo que viajar de manera frecuente por mi trabajo. Siento que mis hijos resienten mucho mis viajes y no sé cómo manejar esa situación.**

Si su trabajo le exige viajar frecuentemente y no hay nada que usted pueda hacer para suspender o acortar sus viajes, la diferencia para sus hijos radicará en la manera como usted se organice alrededor de los viajes. Como la cantidad de tiempo que usted puede pasar con ellos es limitada, usted tendrá que ingeniarse un buen plan para tener un contacto importante con sus hijos no a nivel cotidiano sino a nivel esporádico.

Los niños toleran bien lo que es claro y estructurado, de manera que una cosa muy útil para estos casos es inventarse un programa de convivencia con el niño que le permita a él saber qué días de la semana va a estar usted fuera y en cuáles pueden hacer actividades juntos. Incluso puede pintar el programa sobre un tablero o usar cualquier otro recurso gráfico en el que el niño vea con claridad los días y las horas que puede estar con usted. Lo que los niños más resienten de los viajes de los papás es no saber cuándo pueden contar con ellos. Esto despierta ese temor que todos tenemos a que los papás nos abandonen. Pero si el niño tiene claro el horario de su papá, podrá organizar sus sentimientos y su mente alrededor de eso.

En la medida en que usted se organice y los niños sepan qué esperar de usted, los viajes dejarán de ser tan negativos porque el poco tiempo que usted puede pasar con ellos será de mucha mejor calidad y así ellos no tendrán dudas de que sí pueden contar con usted.

¿Cuál es la diferencia de edad ideal entre el primer y el segundo hijo?

Yo diría que unos tres años de diferencia entre hijo e hijo les dan suficiente tiempo tanto al niño mayor como a los padres para estar listos para el segundo.

Por una parte, a los tres años el primero todavía no se siente el único dueño de todos los privilegios y consentimientos de la casa, y por eso aceptará más fácilmente la llegada de un hermanito o una hermanita. Mientras que cuando ya han pasado más de cuatro o cinco años de ser el único, el niño mayor está tan acostumbrado a ser el destinatario de todo que se convierte en una especie de rey al que es más difícil destronar, al menos sin una desproporcionada dosis de sufrimiento y celos por el hermanito.

Por otra parte, una diferencia de cerca de tres años

entre el primer y el segundo hijo les permite a los padres criarlos a todos al mismo tiempo e ir superando etapas de la crianza más fácilmente que si tienen hijos en edades muy distintas. Los padres de un niño de cinco años y de otro de once o doce, por ejemplo, tendrán con frecuencia que dividirse para atender las necesidades de uno en la escuela preescolar y del otro en la etapa preadolescente. Así, en términos de plan de vida de los padres, una diferencia no mayor a los tres o cuatro años es la ideal para asegurar cierta comodidad y eficiencia en la crianza.

Hay padres que esperan mucho para tomar la decisión de tener el segundo hijo y terminan criando casi dos hijos únicos. Esto puede ser especialmente difícil para el mayor, que a veces no logra superar la presencia del hermanito y puede desarrollar una serie de problemas en su manera de relacionarse con los demás en el futuro.

En algunas ocasiones puede ser necesario esperar más tiempo, porque si hay problemas de pareja y/o económicos no es conveniente tener más hijos. Además, es muy importante considerar también los deseos y la disponibilidad real de los padres para tener otro hijo. Concebir un hijo porque ya es hora, no es buena idea.

Para que tengan una alta probabilidad de ser buenas personas en el futuro, ante todo los hijos tienen que ser deseados por sus padres.

> **Tengo dos hijos, uno de siete y otro de cinco años, y me doy cuenta de que siempre tiendo a exigirle más al de siete, mientras que soy más complaciente con el de cinco.¿Es eso normal?**

El hecho de que usted se haya dado cuenta del desequilibrio en la manera como trata a sus dos hijos muestra, por un lado, que algo no anda del todo bien y, por el otro, que ya está dando usted el primer paso para ponerle remedio a esa situación.

El primer hijo es la primera oportunidad que uno tiene de proyectarse en el mundo y por eso es normal que los papás tendamos a ser más exigentes con el primero, mientras que con el segundo y los que siguen uno se siente menos presionado y, por tanto, tiende a ser más tranquilo. Por otra parte, hay una fuerte tradición cultural que privilegia a los hijos mayores sobre los demás y que refuerza esa tendencia natural de los papás a vivir la paternidad más intensamente con el primer hijo.

Sin embargo, no es bueno establecer diferencias

significativas entre un hijo y otro, ni en lo que tiene que ver con los privilegios ni en lo que tiene que ver con las exigencias. Aunque lo más probable es que cada hijo sea muy distinto, los padres debemos tratarlos a todos de la misma manera y consentirlos y exigirles a todos por igual. De ese equilibrio dependerá mucha de la armonía familiar.

> **Tengo dos hijos que son como al agua y el aceite. No se parecen absolutamente en nada, a pesar de tener los mismos padres y haber nacido en el mismo hogar. ¿Es eso normal? ¿Cómo podemos lograr un equilibrio justo entre los dos siendo tan diferentes?**

Las diferencias radicales entre el hijo mayor y el segundo son muy frecuentes y por lo general se deben a que el segundo tiende a hacer completamente lo opuesto a lo que hace su hermano mayor, buscando diferenciarse de él y afirmar su propia identidad. Si el mayor es necio, el segundo será juicioso; si el mayor es responsable, el segundo va a ser irresponsable; si el mayor es juguetón, el segundo va a ser más bien callado. Por lo tanto, lo extraño es que dos hermanos se parezcan.

Aquí es importante conocer bien a cada hijo, para

poder darle una identificación única a cada uno. Si conocemos los talentos de cada hijo, es menor la posibilidad de hacer comparaciones odiosas. La otra variable que hay que considerar es que hacer justicia es darle a cada quien lo que necesita y no darles a todos lo mismo. Si usted conoce bien las necesidades de su hijo, las posibilidades de ser justo con él y con los otros aumentarán.

> **Tengo un hijo que ha tenido muchos problemas de salud y que parece siempre un poco débil en comparación con sus hermanos y con otros niños. Eso hace que yo esté más pendiente de él que de los otros y me preocupa llegar a sobreprotegerlo. ¿Cómo puedo manejar esa debilidad sin sobreprotegerlo?**

Creo que si tuviésemos la oportunidad de hablar de corazón a corazón con muchos padres de varios hijos, casi todos tendrían que admitir que sienten que uno de sus hijos es más débil que los otros y, por tanto, que los necesita más. La tendencia natural de cualquier padre es proteger más a ese hijo que siente más débil, pero el problema es que esa reacción instintiva puede terminar siendo contraproducente. Es muy frecuente ver padres que, con la mejor intención, terminan protegiendo a sus hijos de más peligros de los que en realidad existen y cayendo en la trampa de la sobreprotección. Y decimos que es una trampa, porque en lugar de fortalecer a los niños, el exceso de protección por lo general termina debilitándolos más, pues el niño sobreprotegido se acostumbra rápidamente a recibir mucha atención y ayuda, y por lo tanto, a esforzarse muy poco.

Es un hecho de la vida que todo el que tiene algún tipo de dificultad va a tener que trabajar más duro que quien no la tiene, por eso la sobreprotección no es el camino para ayudar a un hijo que sintamos más débil. El camino es acompañarlo y apoyarlo en su desarrollo, dándole las herramientas necesarias para superar su dificultad, pero siempre tratando de que el niño sea cada vez más autónomo e independiente. Esto no es nada fácil y es un proceso gradual, pero definitivamente lo más beneficioso para los hijos, aun aquellos que tengan algún tipo de problema, es irlos soltando poco a poco y dándoles cada vez más responsabilidades.

A lo largo de los años he visto a muchos niños con grandes dificultades para los cuales ha sido fundamental que sus padres dejen de sobreprotegerlos y les permitan ir cada vez más lejos, aunque esto implique riesgos y sufrimientos adicionales. Un niño con un problema motor, por ejemplo, tendrá que caerse muchas veces para aprender a manejar su cuerpo. Pero si sus padres asumen una actitud sobreprotectora y no le permiten moverse, nunca podrá superar su dificultad.

La actitud de los padres puede marcar una diferencia radical para un niño con un problema y por eso mi consejo es tratar siempre de reprimir la tendencia a sobreproteger y aprender en cambio a acompañar, cuidando cada vez menos y exigiendo cada vez más.

> **Mi esposo y yo tenemos muchas dudas acerca de la televisión. ¿Es malo que los niños vean televisión? ¿Podría darnos algunas pautas para regular y controlar el uso de la televisión por parte de nuestros hijos?**

A este respecto tenemos que partir de dos hechos claros: primero, que hoy día la televisión es parte integral de la vida cotidiana y, segundo, que la televisión es un mecanismo muy poderoso y atractivo, que debemos aprender a usar en nuestro beneficio y el de nuestros hijos.

Los niños de hoy día crecen influenciados por la

televisión, gústenos o no, y eso se nota, por ejemplo, en el lenguaje que usan. De manera que está en nosotros, como padres, la habilidad de aprovechar el poder de enseñanza de la televisión. Esto implica estar muy al tanto del uso que nuestros hijos le dan a la televisión y supervisar personalmente los programas que ven y el tiempo que pasan frente al aparato. En este acompañamiento radica la diferencia.

Los padres deben determinar si la televisión va a estar permanentemente prendida, o cuándo se prende y se apaga. Deben elegir los programas que pueden ver sus hijos y buscar aquéllos que más estimulen su pensamiento y su creatividad. Pero, sobre todo, deben estar alrededor de sus hijos cuando están viendo televisión, para evitar que los niños queden atrapados en el maravilloso poder de un aparato que estimula simultáneamente distintas partes del cerebro y ofrece una gran diversión sin pedir ninguna actividad física a cambio.

La televisión, entonces, puede ser un arma de doble filo y por eso es muy importante que los papás establezcan pautas muy claras para el uso de ella por parte de los niños. Unos papás que instalan un televisor en cada cuarto de la casa, por ejemplo, están mandándoles a sus hijos un mensaje muy claro sobre el lugar tan prominente que debe ocupar la televisión en su vida. Pero si usted no quiere que sus hijos estén pegados del televisor todo el tiempo, instale el aparato en un lugar donde pueda ejercer un buen control sobre lo que ven y el tiempo que le dedican.

En especial los niños pequeños necesitan mucha supervisión de los padres cuando están viendo televisión, pues es en ese momento cuando se definen los hábitos para toda la vida. Por eso nunca es bueno dejar a un pequeño solo frente a la televisión por varias horas, no sólo por las cosas que pueda ver, sino porque puede desarrollar el hábito de permanecer muy quieto, y la estimulación motora es tan importante a esta edad como la estimulación visual y auditiva que ofrece la televisión, lo mismo que el hábito de estar muy solo, y esto puede afectar el desarrollo de la socialización.

> Me gustaría que mi hija tuviera algún pasatiempo, porque me parece que tiene muchas ventajas. ¿Cómo se le puede inculcar un pasatiempo a un hijo?

Para inculcarle a un hijo especial interés por alguna

actividad, lo primero que tenemos que hacer es conocerlo muy bien y saber cuáles son sus talentos, fortalezas y preferencias, de manera que podamos guiarlo hacia un pasatiempo que esté de acuerdo con sus gustos. Es deber de los padres estimular los talentos de los hijos y una muy buena manera de hacer esto es interesarlos en una actividad que les permita desarrollar sus mayores habilidades.

Otro elemento muy importante es modelar con nuestro ejemplo qué significa tener un pasatiempo. Si el niño ve que nosotros leemos regularmente, o que hacemos alguna colección, o practicamos algún deporte, será más fácil que se interese él también en desarrollar una actividad especial a la que le dedique tiempo y esfuerzo y que, a su vez, le producirá muchas satisfacciones. Recordemos siempre que el ejemplo es la herramienta de crianza más poderosa que existe.

Para fomentar el interés de nuestros hijos en un pasatiempo también hará falta un compromiso importante de nuestra parte para guiarlos hacia la actividad escogida y estimularlos a través de clases o talleres, llevándolos a presentaciones o exhibiciones, o iniciando con ellos una colección y procurándoles los medios necesarios para continuarla. Es importante que, especialmente al comienzo, estemos muy cerca de ellos, apoyándolos en su nuevo interés, porque los pequeños tienden a ser muy dispersos y pueden abandonar muy rápidamente las actividades. Por eso durante un tiempo es posible que los padres tengamos que insistirles para que vayan a clase o para que practiquen y acompañarlos hasta cuando ya puedan funcionar solos.

Una cosa con la que debemos tener mucho cuidado, especialmente hoy día que hay clases de todo, es no colmar a los niños de actividades ni pretender que desde los tres años desarrollen varios pasatiempos. El hecho de empezar muy temprano o ejercer mucha presión puede hacer que el niño se canse y se desmotive rápidamente, porque tal vez todavía no está listo para practicar esa actividad. La habilidad de los niños para comprometerse con algo de manera continuada aparece después de los seis años y por eso es mejor esperar a que el niño muestre un interés importante por algo, antes de presionarlo a que se decida por una actividad concreta.

¿Qué tan importante es que los niños practiquen algún deporte?

La práctica de un deporte es una de las cosas más be

neficiosas para un niño, pues le permite dar rienda suelta a muchas emociones contenidas y derrochar una cantidad de energía que, de otra manera, se puede volver negativa. Esto es lo que se conoce en psicología como "hacer catarsis" y es lo que permite mantener las emociones en equilibrio y sacar todas las cosas negativas que los seres humanos acumulamos todo el tiempo. También se sabe que el movimiento continuo que exige un deporte ayuda al equilibrio de los neurotransmisores en el cerebro y contribuye a mantener un estado de ánimo mucho más positivo.

Es ideal que los niños comiencen a practicar un deporte tan pronto tengan las habilidades necesarias para hacerlo. Hay deportes que se pueden empezar más temprano, como la natación, y otros que exigen un mayor desarrollo de las habilidades motoras y que, por tanto, se deben comenzar a practicar un poco más tarde. Es importante no apresurar a los niños en la práctica de un deporte ni iniciarlos cuando todavía no están listos ni tienen las destrezas necesarias, pues esto puede hacer que le cojan fastidio y no quieran volverlo a practicar.

Otras ventajas que trae la práctica de un deporte, además de contribuir de manera importante a la salud física y psicológica, son el desarrollo de la constancia y la dedicación, y el sentido de compromiso con una tarea. Por otra parte, los deportes también permiten un acercamiento especial con los padres en un campo distinto a la casa. Cuando los hijos practican el mismo deporte que los padres comparten un espacio común que les permite alcanzar un nivel de intimidad y unión que es muy beneficioso para todos.

> **Tengo dos hijas y me cuesta mucho más trabajo entenderme con la mayor que con la menor. No me gusta su manera de ser, me saca de casillas continuamente y eso me hace sentir muy mal. ¿Seré una mala madre?**

Ésta es una pregunta mucho más frecuente de lo que la gente cree, pero por lo general los padres la hacen en la intimidad y la confidencialidad del consultorio porque se sienten muy culpables de pensar que tienen un hijo que les cae mal, que les molesta, que los irrita. Mi primera reacción en estos casos es tranquilizarlos. No hay ninguna razón para sentirse mal, pues es apenas natural que haya personas con las que nos entendamos mejor que con otras y el círculo familiar no es la excepción. Cada hijo tiene una personalidad diferente y es lógico que uno tenga más afinidad con unos que con otros y que se le facilite más relacionarse con unos que con otros.

Mucha gente, especialmente los otros hijos, tiende a interpretar esa mayor afinidad como una preferencia, pero la verdad es que el afecto no tiene nada que ver con eso. Es sólo un asunto de compatibilidad entre distintas maneras de ser y el hecho de que se nos dificulte más relacionarnos con uno de nuestros hijos no significa que no lo queramos. Por eso no hay razón para sentirse culpable, sino que hay que tomar esa situación como un hecho que hay que entender y aceptar y que debe ser el punto de partida para trabajar la relación con ese hijo, con el fin de encontrar momentos y circunstancias en que los dos se sientan bien el uno con el otro.

Por último me gustaría resaltar que por lo general esos hijos con los que nos cuesta más trabajo entendernos terminan recibiendo un mensaje de amor más profundo y más fuerte que los otros, en la medida en que los padres le dedican mucho más tiempo y esfuerzo a la relación con ese hijo y trabajan más en la manera de acercarse a ellos y demostrarles su amor.

> Últimamente he descubierto a mi hijo en varias mentiras, que son más bien como exageraciones, pero me preocupa que se vaya a volver un mentiroso. ¿Es normal que los niños digan mentiras? ¿Cómo se debe manejar ese tema?

En realidad siempre hay que estar muy atento al tema de las mentiras, porque es una costumbre que puede convertirse fácilmente en un hábito que después es muy difícil de romper, porque los niños nunca aprenden a relacionarse con los demás sin decir mentiras.

Cuando están pequeños, alrededor de los cuatro años, tienden a hablar mucho de sus fantasías, de las cosas que les gustaría que pasaran, y en esa medida pueden decir algunas mentiritas o exagerar, como usted dice. Eso es normal y no debe ser motivo de preocupación. Pero si esta tendencia continúa cuando van creciendo y las mentiras son cada vez más frecuentes y más "serias", entonces sí podemos estar hablando de un niño con un problema, que está tratando de esconder algo o manejar alguna debilidad a través del recurso de la mentira, y es importante que los padres intervengan enseguida.

Por lo general los niños que dicen mentiras son niños inseguros, que recurren a las mentiras porque tal vez sienten que no pueden cumplir con las expectativas que sus padres tienen de ellos, o porque no se sienten lo suficientemente atractivos, fuertes o inteligentes y piensan que tienen que inventarse algo para que la gente los acepte y los admire. En ese sentido, las mentiras ocasionales también son un intento, obviamente fallido, de ocultar la incapacidad de cumplir con lo esperado.

En estos casos lo primero que deben hacer los padres es hablar con el niño, hacerle ver lo que está pasando y tratar de descubrir por qué está diciendo mentiras. Es importante investigar por qué el niño puede estar sintiéndose inseguro y revisar sus exigencias sobre él, para ver si tal vez no le está fijando unas expectativas demasiado altas, que el niño se siente incapaz de satisfacer y que lo están forzando a aparentar lo que no es.

En los hogares donde no hay un clima general de confianza tienden a presentarse más las mentiras, pues los niños sienten temor de decir la verdad porque no saben qué les puede pasar. Por eso también es importante trabajar en desarrollar un clima de confianza con sus hijos, para que él sepa que ustedes lo quieren y lo aprueban aunque haya cometido errores o haya hecho algo indebido.

Con alguna frecuencia, el hijo mayor al que se le exige mucho es un buen candidato para convertirse en mitómano. Él quiere complacer y llenar las expectativas del padre, y cuando ve que no puede lograrlo recurre a la fantasía, que se vuelve rápidamente mentira. Inicialmente los padres pueden no darse cuenta, pues piensan que su hijo es sólo un poco exagerado, pero alrededor de los diez o doce años, cuando las mentiras ya sean más evidentes, deben intervenir de inmediato.

¿Desde cuándo se les debe dar dinero a los hijos para que ellos lo administren?

Desde que puedan contar. Un estudio que hicieron en Estados Unidos hace algunos años estableció que una de las tres cosas que necesitaba todo ser humano para desarrollarse bien era, justamente, aprender a manejar el dinero desde muy temprano. Ésa es una habilidad fundamental en la vida, que no se desarrolla de un día para otro y que cuando se aprende muy tarde puede limitar mucho a la gente.

A los niños hay que darles una mesada desde que entienden cómo funciona el dinero, puede ser alrededor de los seis o siete años, para que compren la merienda en el colegio, o los dulces o los helados. Al comienzo puede ser mejor darles dinero diariamente, y un poco más grandes puede ser una vez a la semana. Cuando llegan a la adolescencia se les puede asignar una mensualidad que reciben en un solo pago, por decirlo así, con el fin de que aprendan a planear sus gastos y a distribuir el dinero que tienen de forma apropiada.

Una de las cosas fundamentales aquí es que el joven tenga la responsabilidad de administrar su mensualidad de manera que le alcance para todo el mes. Y si se le acaba antes, debe aprender a asumir las consecuencias y por eso los padres no deben rescatarlo ni hacerle préstamos, pues parte del ejercicio es que él enfrente solo sus problemas y busque la manera de solucionarlos, como sucede en la vida real.

Muchos padres preguntan cuánto dinero se les debe dar. La suma, cualquiera que ella sea, debe estar de acuerdo con las circunstancias económicas de la familia y con las necesidades del niño o del joven. No me parece apropiado darles una suma exagerada, que rebase las capacidades de la familia o las necesidades del niño, porque lo interesante es que el niño se prepare para la vida real y si el dinero le sobra pues nunca va a aprender a organizar sus gastos de acuerdo con sus circunstancias.

> **¿Podría darnos una recomendación general a los padres para aprender a manejar la rabia que nos producen ciertas cosas que a veces hacen o dicen los hijos?**

La recomendación más importante es que recuerden que ustedes son los padres y, por tanto, los que fijan las reglas del juego. En esa medida, es deber de los padres poner límites cuando se llega a situaciones inaceptables y nunca permitir que un altercado con un hijo se salga de curso y se llegue al irrespeto o al maltrato.

Cada vez que sintamos que un hijo nos va a faltar al respeto debemos pararlo y decirle que así no podemos seguir hablando porque podemos terminar en algo que todos vamos a lamentar. No es conveniente que los padres estemos ahí todo el tiempo dejando que los hijos nos traten mal y perdonando todas las ofensas, porque ése, a la larga, es un mensaje muy perjudicial para un hijo. Recordemos que la mejor manera de romper la cadena del maltrato es no permitir que nos maltraten a nosotros.

Por otro lado, lo mejor es comenzar a poner las reglas desde temprano, pues así los hijos crecerán sabiendo a qué atenerse. Y, cuando se esté en una de esas situaciones en que hay que aplicar el freno, lo mejor es detener el asunto en el momento, pero esperar a hablar con los hijos cuando estemos tranquilos, con el fin de evitar que las discusiones se salgan de curso.

> **A mis hijos no les gusta ayudar con los quehaceres de la casa. A mí eso me parece importante porque creo que les da un sentido de responsabilidad, pero no sé cómo convencerlos.**

Usted tiene razón, es muy importante que los muchachos vayan aprendiendo a tener responsabilidades y qué mejor sitio para comenzar que la casa. Desde muy temprano, ojalá desde los siete u ocho años, los niños deben cuidar y arreglar su cuarto, o hacer la cama, o recoger sus juguetes, o manejar su dinero, o varias de estas tareas, y deben adquirir el sentido de responsabilidad de hacer esas cosas porque de eso depende el buen funcionamiento de la casa. Tener conciencia de eso les ayudará a formarse y desarrollarse como unas buenas personas.

De manera que mi consejo es que no abandone la idea de entregarles a sus hijos la responsabilidad de hacer algunas tareas en la casa. Es cierto que si no empezó a hacer esto desde que estaban chiquitos será más difícil, pero no es imposible. Usted debe distribuir las tareas de manera equitativa y ser muy firme en que hay que hacerlas porque de otra forma habrá consecuencias negativas. Es posible que ellos traten de evadirlas o pasárselas a los hermanos, pero aunque usted puede permitirles hacer intercambios y negocios alrededor de las tareas domésticas, siempre debe exigir que se cumplan y nunca olvidar que usted es la que debe llevar la batuta.

No sientan miedo de ser exigentes en esto, recuerden que ésa es una manera de enseñarles a los hijos a ser personas responsables.

> **Tengo un hijo único muy consentido y no quisiera que se volviera un niño malcriado. ¿Es posible romper ese patrón de consentimiento aunque sea hijo único?**

Claro que sí, siempre es posible corregir la marcha. Es natural que los hijos únicos tiendan a ser un poco más consentidos en la medida en que reciben toda la atención de los padres. Pero si usted cree que se les está yendo la mano, puede comenzar a bajarle los niveles de atención y de cuidados poco a poco y explicarle que van a hacer un cambio porque se han dado cuenta de que no es bueno para él recibir tanta atención, pues se está convirtiendo en una persona muy antipática.

Desde luego éste debe ser un proceso paulatino, pues si usted le retira de un tajo toda la atención, el niño se puede descompensar. Al principio será difícil para todos, pero si usted va soltándolo poco a poco, va dándole responsabilidades y dejándole de hacer cosas que antes le hacía, como recogerle los desórdenes o ayudarle con la ropa, el niño gradualmente irá aprendiendo a ser más autónomo y se irá haciendo cargo de su vida.

Una buena estrategia es empezar por que el niño se haga cargo de sus rutinas de aseo sin ayuda, por ejemplo, y cuando eso ya fluya, puede irle dando más responsabilidades y las herramientas para que las cumpla. Poco a poco usted irá viendo cómo su hijo comenzará a cambiar y a ser una persona más independiente y agradable.

> **Vivimos en una época tan turbulenta que a veces no es fácil conservar el optimismo. ¿Podría darnos algunas pautas para no pasarles esa sensación de desesperanza a los hijos?**

Hay que tener en cuenta que cuando perdemos las esperanzas y las ilusiones, por lo general los más afectados son nuestros hijos, quienes están en plena formación y necesitan alimentarse, precisamente, de ilusiones y esperanzas. Para alcanzar un buen desarrollo emocional los jóvenes necesitan vislumbrar un futuro bueno, basado en las experiencias del presente. Por eso es muy importante comunicarles a nuestros hijos un espíritu positivo.

Primero que todo debemos conocernos bien y tener confianza en lo que hacemos. Tener prioridades claras que se reflejen en reglas claras en el hogar, de manera que el caos exterior se vea contrarrestado por una estructura firme en la casa, que les dé a los hijos un sentido de propósito. Tenemos que aceptar las diferencias y aprender a manejar sanamente la rabia y la frustración, aceptando que la perfección no existe y que no hay fracasos sino resultados.

El sentido del humor y la flexibilidad son otras herramientas esenciales para contrarrestar el pesimismo. Ante los problemas, debemos buscar siempre soluciones creativas y no culpables y vivir plenamente el presente, sin quedarse atrapado en el pasado ni preocuparse por el futuro.

Sabemos que ante la adversidad todos podemos

elegir cómo reaccionar y nunca hay que olvidar que el camino que tomemos influirá decisivamente en el que tomen nuestros hijos.

> **Mi hija de once años se come las uñas. ¿Por qué pasa esto y qué puedo hacer para quitarle esa costumbre?**

El hábito de comerse las uñas es una manifestación de ansiedad. Tal vez la niña se siente insegura, o ansiosa o preocupada, y no tiene nada más a qué acudir para calmarse que comerse las uñas, que están ahí, a su alcance. Hay teorías que afirman que el hábito de comerse las uñas, así como el de meterse los dedos a la boca, responde a una necesidad oral que quedó insatisfecha. Quizás el niño no chupó lo suficiente cuando era bebé y por eso ahora trata de compensar esa falta.

Sea esto cierto o no, es un hecho que este hábito está definitivamente relacionado con la ansiedad y por eso la mejor manera de atacarlo es observar con mucho cuidado en qué tipo de situaciones se come su hija las uñas y tratar de entender por qué lo hace. Incluso a veces es preferible que los niños canalicen su ansiedad a través de este hábito, porque de otra forma la angustia se va acumulando y puede ser más perjudicial.

171

Simultáneamente, mientras descubrimos las causas, podemos darles a los niños cosas que hacer con las manos para distraerlos de la costumbre de comerse las uñas. Muchos niños se comen las uñas durante un tiempo y después dejan de hacerlo por sí solos. Los que continúan por lo general son niños muy angustiados y en esos casos lo mejor es mirar muy en detalle cuáles son las razones de esa angustia y qué cosas podemos hacer para disminuirla.

Mi hijo se arranca el pelo. ¿Por qué pasa esto? ¿Cómo puedo quitarle ese hábito?

Al igual que comerse las uñas y chuparse el dedo, arrancarse el pelo es una manifestación de ansiedad, sólo que éste puede ser un hábito un poco más preocupante porque puede traer consecuencias permanentes para el pelo si se dañan los folículos. Los niños que se arrancan el pelo por lo general lo hacen cuando están angustiados o preocupados por alguna circunstancia. A veces es un hábito que está en las familias y se repite de generación en generación.

Como en la pregunta anterior, las dos mejores maneras de atacarlo son, primero, investigar las razones de la angustia y, segundo, permitirle al niño que encuentre otra manera de calmarse. Hay que entender que lo que los comportamientos repetitivos hacen es tranquilizar temporalmente a las personas, por eso es importante tratar de cambiar este comportamiento por otro, tal vez tener algo en la mano, o acariciar algo, de manera que el niño se calme sin recurrir a arrancarse el pelo.

Con mucha frecuencia, la mayoría de estos comportamientos repetitivos desaparecen solos, pero cuando se convierten en hábitos de años, lo más probable es que haya que buscar la ayuda de un especialista que le ayude a penetrar en las raíces profundas del problema y cambiar ese patrón de conducta.

Mi hija mueve los ojos a toda hora, es como un tic que no puede controlar. ¿Es eso grave?

Hay distintos tipos de tics y, dependiendo de la edad del niño y del origen del tic, pueden tener mayor o menor gravedad. Hasta los siete años por lo general los tics tienden a desaparecer por sí solos. Pero si persisten después de esa edad, pueden ser manifestaciones o indicadores de un síndrome neurológico o de un nivel de angustia muy alto.

Hay un síndrome que se caracteriza por producir una gran cantidad de tics y se conoce como Síndrome de Tourette. Es una enfermedad neurológica y requiere tratamiento médico, por lo general con un neurólogo pediatra o un psiquiatra, que seguramente ordenará una medicación. En estos casos, decirle al niño que deje de mover los ojos, o de tirarse el pelo, o lo que sea, a veces exacerba el tic y por eso es importante consultar al especialista sin demora. Otras veces, el tic puede ir cambiando de sitio, unas veces será en los ojos, otras veces en la boca, o los hombros y sólo la medicación podrá detenerlo.

Por otra parte, hay tics que son simplemente manifestaciones de angustia. Cuando el niño siente que no puede expresar con palabras lo que lo está perturbando, recurre a mover alguna parte del cuerpo para tranquilizarse. Son como los comportamientos repetitivos de que hablamos arriba y en estos casos hay que buscar la ayuda de un especialista para descubrir el origen de la angustia y tratar de hacer lo que los psicólogos llamamos "catarsis", es decir, que el niño hable y explore el tema que lo inquieta, para que pueda sacar toda la angustia que lo está descompensando.

Hoy día, los padres sentimos que hay niños con más síndromes raros. ¿Es eso así? ¿Qué es

el síndrome de Asperger? ¿Qué es una psicosis, qué es una neurosis? ¿Cuándo hay que preocuparse?

Sí, en efecto hoy se habla de nuevos y más variados síndromes en los niños. Como vimos hace poco en la revista *Times*, hay más niños con autismo. También hay investigaciones serias que muestran que hay más niños y jóvenes con déficit de atención e hiperactividad. Parece ser que los cambios en los hábitos de vida (más televisión, más computador, más sedentarismo) y la mayor toxicidad en el medio ambiente (más químicos en la comida y en el aire) han causado cambios en el cerebro de los niños. Existe una teoría que dice que hay un déficit de minerales como el magnesio, el silicio y el zinc en el cerebro de los niños con distintos problemas. De hecho, cuando muchos de ellos toman dosis adecuadas de estos minerales, mejoran su rendimiento y su concentración.

El síndrome de Asperger es una forma de autismo, pero con buen funcionamiento intelectual. Los niños que lo sufren tienen problemas de afectividad y socialización importantes. Es decir, no saben cómo manejar ni expresar sus emociones de manera adecuada. También se caracterizan porque se obsesionan con un tema y no saben cómo comportarse apropiadamente con los demás. Son niños "distintos" desde pequeños y su desarrollo motor y de lenguaje también es deficiente y lento. Pueden hablar tarde y tener un código que sólo ellos entienden; también su entonación es peculiar. Su desarrollo motor se caracteriza por una marcha rígida, casi como de robot. Simultáneamente, son niños inteligentes, que aprenden lo cognoscitivo de manera fácil. Pueden ir al colegio pero van a necesitar mucho apoyo para lograr integrarse al grupo. Como se les dificulta "leer" su entorno social, se demoran en entender cómo hay que comportarse y les cuesta trabajo seguir instrucciones grupales.

El niño con síndrome de Asperger necesita un diagnóstico temprano y debe ser estimulado cuanto antes con terapias en el área motora y de lenguaje. Los padres de estos niños también van a necesitar capacitación y apoyo constante.

La psicosis en niños es poco frecuente, pero tiene que ver con episodios en los que el niño rompe con la realidad, pierde la capacidad de hilar las cosas y sufre de alucinaciones visuales y/o auditivas. El niño psicótico necesita medicación que lo ayude a ubicarse en la realidad. Generalmente responde bien a los medicamentos y puede continuar dentro de una normalidad monitoreada. Las alucinaciones se pueden presentar de un momento a otro, pero por lo general es un proceso gradual en el que el niño empieza a comportarse de manera extraña, a hablar solo y/o a inventarse historias incoherentes. Otros síntomas de la psicosis en niños pueden ser el atraso en el lenguaje, la distracción y los problemas motores, dependiendo del grado de severidad de la enfermedad. Un diagnóstico adecuado es necesario para poder sacar al niño adelante.

La neurosis, por otra parte, es un síndrome de manifestación de angustia. El niño nervioso y obsesivo, que tiene rituales y temas, por lo general es un niño que está tratando de dominar de esa manera la angustia que siente, pero que siempre está centrado en la realidad. Las manifestaciones de angustia deben ser prontamente atendidas y para eso se usa con mucho éxito la terapia de juego en niños hasta de doce años. Para los adolescentes existen varios tipos de psicoterapia, como el psicoanálisis, la psicoterapia cognoscitiva, la terapia de familia (o sistémica) y otras.

Un punto muy importante en este tema de los síndromes es que hoy día sabemos más del cerebro y de cómo funciona. La plasticidad del cerebro de los niños, el hecho de que sea moldeable, es un concepto fascinante que nos llena de esperanza. Esto le permite a un niño que tenga ciertas disfunciones volverlas a organizar y superarse. La estimulación temprana o adecuada para niños normales y de riesgo ha salvado a muchos de ciertos déficits o enfermedades evolutivas. Toda la estimulación que reciba un niño en sus primeros años va a tener un impacto directo en el desarrollo de sus capacidades cerebrales.

> **Tengo una hija muy tímida y me preocupa porque creo que la timidez es una limitación grande en la vida. ¿Cómo se puede manejar este tema con los hijos?**

El niño tímido necesita atención, sobre todo cuando la timidez es excesiva y entorpece las relaciones sociales. La timidez nace de un carácter reservado e introvertido y por eso hay que ayudar al niño tímido a salir de su concha. Por lo general la timidez esconde un poco de inseguridad y, en muchos casos, una baja autoestima, por eso estos niños sienten mucha angustia de ser rechazados.

Lo principal en estos casos es tratar de descubrir las razones por las cuales el niño es tan reservado, ayudarlo a vencer los obstáculos que percibe y exponerlo poco a poco a las cosas que le dan miedo. Con el niño tímido hay que ser muy explícito en los mensajes de aprobación, darle estímulos claros cada vez que tenga un logro y apoyar todos sus talentos.

El grado de timidez también es una variable importante. Muchos niños son un poco tímidos en algunas situaciones y la timidez leve es una sensación que todos experimentamos en diferentes momentos de la vida. Los problemas aparecen cuando la timidez se convierte en un patrón de comportamiento, pues limita la capacidad de expresión de la gente e interfiere en sus relaciones. En estos casos hay que apoyar mucho a los muchachos y a veces también puede ser bueno llevarlos donde un terapeuta que les ayude a desarrollar destrezas de manejo social e interpersonal.

> **Tenemos un niño de cinco años y queremos adoptar otro. ¿Podría darnos algunas pautas sobre cómo tratar el asunto de la adopción?**

La adopción hoy en día es algo bastante frecuente y se ha visto que lo mejor es tratarla con mucha naturalidad. Anteriormente se ponía demasiado énfasis en que había que hablarles a los niños sobre la adopción todo el tiempo, pero la experiencia no fue positiva. El hecho de que el tema estuviera presente a toda hora hizo sentir a los hijos adoptados como "rotulados" o "diferentes" de alguna manera.

Al niño adoptado se le debe hablar del tema desde siempre, pero sólo ser explícito cuando él empiece a hacer preguntas específicas. Me explico, al hablar con el niño normalmente se le debe decir "cuando te fui a buscar", en lugar de "cuando te tuve", y hacer alusión constante al hecho de que se le "escogió"; y a medida que el niño vaya creciendo y vaya haciendo preguntas más concretas, estar preparado para contestar. Las agencias de adopción usualmente les dan a los padres adoptivos información general sobre los padres biológicos y esta información puede ayudarle al niño a entender por qué sus padres tuvieron que darlo en adopción. Cuando el niño pregunte, por ejemplo, que por qué sus padres no se quedaron con él, usted puede decirle: "Tu mamá era muy joven y no sabía cómo educarte. Por eso decidió que te educaran unos papás más maduros, que supieran cómo hacerlo".

No hay que asumir que todo niño adoptado necesariamente tiene un trauma porque se sintió "abandonado". En muchos casos las madres hacen todo un trabajo psicológico de preparación y el gesto de dar a sus hijos en adopción se convierte en un verdadero acto de amor.

Otro factor importante en la adopción es cómo lo manejan los padres adoptivos. Si usted siente desde el principio que ése es el hijo que quería, va a hacer una conexión más rápida con el niño, pero si no, la relación comenzará con problemas. A los padres adoptivos se les debe dar un tiempo de prueba, que deben aprovechar para ver si sienten empatía hacia ese bebé; si no hay la empatía deseada es mejor devolver el niño.

Cuando en una familia hay hijos biológicos y adoptados, por lo general los padres los quieren a todos por igual. Sin embargo, es frecuente ver padres que se sienten mal porque sienten que tienen más afinidad con unos que con otros y eso les produce una enorme culpa. Pero no hay que preocuparse tanto sino ser consciente del asunto y trabajar en eso. Recuerden que también cuando sólo hay hijos biológicos uno se puede sentir más cómodo con un hijo que con otro, simplemente porque tienen personalidades más afines o compatibles y eso no significa que no quiera a los demás.

> Desde que me convertí en mamá, vivo muy an-
> gustiada por mis hijos, estoy pensando en ellos
> todo el tiempo, en cómo estarán y me preocupa
> mucho dejarlos en un sitio donde no los tenga
> bajo control. ¿Es eso normal?¿Puede esa sensa-
> ción de angustia afectar a mis hijos?

Si usted ha estado muy apegada a sus hijos, como parece ser el caso de las mamás que no trabajan y están a
toda hora con los niños, a medida que éstos van creciendo debe darse un proceso de desapego. Es lógico
que la primera vez que la mamá deja al niño en el jardín infantil sienta un vacío tremendo. Esto se conoce
como "ansiedad de separación" y el niño también la
siente, pero esa angustia debe ir pasando a medida que
la mamá se da cuenta de que el niño está bien donde
está y el niño se da cuenta de que puede estar bien sin
su mamá. En este proceso es muy importante que la
mamá le haga sentir al niño que va a estar bien sin ella.

Pero si a pesar de ser consciente de que éste es un
proceso normal —por el que todas las mamás y los niños tienen que pasar y que se repetirá muchas veces a
lo largo de la vida en distintas circunstancias—, tanto
la mamá como el niño siguen sintiéndose angustiados,
es signo de que algo anda mal. Con frecuencia en estos

casos salen a relucir ciertas "debilidades psicológicas" del padre o de la madre que requieren atención profesional, pues pueden afectar el desarrollo del niño.

Si bien es natural pensar en los hijos todo el tiempo, no es normal hacerlo con una zozobra que interrumpa las actividades cotidianas de los padres. Los hijos de padres angustiados tienden a volverse ansiosos, asustadizos, siempre temerosos de peligros intangibles. Por eso si usted se da cuenta de que se está preocupando demasiado por sus hijos en circunstancias que no lo ameritan y durante un período prolongado de tiempo, es importante que busque ayuda profesional para desentrañar las causas de esta permanente sensación de angustia —que pueden estar en algo que le pasó en una época anterior de su vida, en la manera como lo criaron sus padres, en los mensajes que recibió cuando era niño o adolescente o en las creencias que le inculcaron— y trabajar sobre ese sentimiento para que sus temores no terminen afectando a sus hijos.

Tengo un trabajo y dos niños pequeños y me siento completamente agobiada. Vivo corriendo entre la oficina y la casa y no me queda ni

un minuto para mí. Me pregunto si esta sensación de agotamiento es normal.

Constantemente me llegan a consulta madres preocu-
padas por esto. Son mujeres jóvenes, con dos o más
hijos, que dividen su tiempo entre la familia y el trabajo, bien sea porque necesitan el salario o porque les
gusta lo que hacen, pero viven tan cansadas que ya no
saben qué es lo que quieren ni para dónde van. Se es-
fuerzan todo el día por ser buenas madres, buenas es-
posas, buenas trabajadoras y buenas personas, pero al
final se sienten terriblemente insatisfechas con su vida.
Sienten que la vida debe ser algo más que este cansancio permanente.

Cuando me pongo a hablar con muchas de ellas
me doy cuenta de que la fuente del cansancio no está
en lo que hacen, ni en la cantidad de hijos que tienen,
ni en sus circunstancias particulares, sino en ellas mismas. Por lo general son personas muy perfeccionistas,
que invierten tanta energía en todo que terminan ex-
haustas. Son, para usar un término que está muy de
moda, mujeres muy "intensas", para las cuales la crianza se vuelve una carga gigantesca, porque no saben de-
legar y quieren estar siempre encima de todo.

Obviamente hay un cansancio natural alrededor de

la crianza y aun más cuando se añade el componente laboral que tienen muchas mujeres hoy día. Pero se puede lograr un equilibrio más o menos positivo tanto para la madre como para el hijo, si la mamá reflexiona un poco sobre su manera de actuar y cuáles son sus prioridades. Con frecuencia para estas mujeres la crianza se vuelve agotadora porque tienen la idea de que deben ser una especie de "supermamás", pero aunque por un tiempo esa actitud parezca beneficiar a los hijos, a la larga termina afectándolos por la carga de inestabilidad que trae a la relación madre-hijo.

Una fuente muy corriente de presión para estas madres es la competencia que establecen entre sus hijos y los de sus amigas o conocidas. Sienten que sus hijos deben ser los mejores, los más adelantados, que deben tener lo mejor y se sienten fracasadas cuando algo no sale como creen que debe ser. Pero la verdad es que en la buena crianza no caben este tipo de competencias y las mamás deben entender que una de las compensaciones más importantes de la maternidad es la felicidad y no la angustia. Desde luego que tener hijos implica una responsabilidad, pero es fundamental que haya un equilibrio entre esa responsabilidad y la alegría de criarlos.

Si sus hijos aún están pequeños pero usted ya se siente agobiada, debe aprovechar esa señal de alarma para revisar su vida y conocerse mejor, bien sea con la ayuda de una terapia o por su cuenta. Cuando usted logre encontrar el equilibrio, no sólo se sentirá mejor sino que sus hijos también se beneficiarán.

> **Soy una madre que trabaja y me siento muy feliz de hacerlo, pero cada vez que salgo de casa por las mañanas no dejo de sentirme culpable por no estar con mis hijos, y con frecuencia siento remordimiento por dejarlos en manos de otras personas mientras yo estoy en el trabajo. ¿Por qué siento que soy una mala madre? ¿Tal vez debería dejar el trabajo para estar todo el tiempo con mis hijos?**

El sentimiento de culpa es perfectamente normal. Todos los padres que trabajamos nos sentimos culpables por no estar todo el tiempo con nuestros hijos. Sin embargo, no es tan bueno pasar todo el tiempo con los hijos, pues con frecuencia uno termina por sobreprotegerlos y malcriarlos. Por otra parte, para los niños es bueno aprender a ser independientes de sus papás y ver que éstos, a su vez, también tienen actividades independientes de ellos.

En segundo lugar, la culpa nunca es buena consejera ni trae nada positivo, y todo lo que usted haga por sus hijos motivada por la culpa terminará siendo contraproducente. Piense, por ejemplo, en esas concesiones que a veces hacemos con los hijos tratando de reparar una ausencia o un olvido por culpa del trabajo, pero que nunca haríamos si no nos sintiéramos mal por no estar todo el tiempo en casa. Los niños no necesitan unos papás supercomplacientes, llenos de culpa, que los maleduquen, sino unos papás que estén verdaderamente con ellos en los ratos que están juntos.

Si usted realmente disfruta el hecho de trabajar y cree que es algo importante en su vida, no se deje atormentar por la culpa. En lugar de eso, piense si quizás hay algunos ajustes que pueda hacer en su horario para llegar a casa más temprano una o dos veces por semana y planee actividades divertidas para hacer con sus hijos en esos ratos extras. Recuerde que muchas veces no es tan importante la cantidad de tiempo que se pasa con los hijos, como la calidad de ese tiempo.

A veces uno se puede sentir "mala madre" por trabajar, pero no es más que una creencia que nos inculcaron las viejas generaciones. Antes las madres trabajadoras eran mal vistas y se pensaba que abandonaban a sus hijos, pero el papel de la madre ha cambiado mucho en los últimos tiempos e incluso muchas mujeres tienen hoy que trabajar, mientras que los papás están ayudando más en el hogar. Si usted trabaja por gusto y se siente culpable a ratos, sepa que esto es normal, pero también ayúdese. Haga equipo con su pareja y deléguele algunas tareas que él pueda hacer bien. Por otro lado, mantenga la culpa a raya acordándose de que los niños de madres trabajadoras son más recursivos e independientes. Piense, además, que la felicidad emocional de sus hijos no va a depender solamente de usted sino también del padre y del entorno en general.

> Soy viuda y me toca ser mamá y papá a la vez. He tratado de hacerlo lo mejor posible, pero a veces me preocupa que a mis hijos les haga falta la visión masculina de la vida.

Ésta es una preocupación que tienen también muchas madres separadas. De acuerdo con mi experiencia, todos esos papás y mamás que se ven forzados por cualquier razón a desempeñar los dos roles lo hacen muy bien en general. Es como si la necesidad propiciara en ellos un proceso natural de evolución que les permitiera cumplir las dos funciones casi de manera inconsciente. Rápidamente aprenden a hablar a veces con la voz autoritaria del papá y otras veces con la voz amorosa de la mamá, y son capaces de oscilar entre una y otra sin ningún problema. Creo que la clave ahí es ser muy claro y firme con los hijos sobre la doble función y la distribución de los roles, y nunca descuidar ninguno de los dos aspectos.

Con respecto a la posible ausencia de la visión masculina en la educación, por lo general les sugiero a las mamás que cuando tengan dudas con respecto a alguna situación específica, antes de hablar con sus hijos traten de buscar el consejo de parientes hombres cercanos, como un tío o un abuelo. De esta manera podrán complementar su visión con el enfoque masculino y ofrecerles a los hijos una respuesta más adecuada a sus problemas.

Tenemos dos niños pequeños y yo siento que mi marido y yo nos alejamos cada vez más, porque entre el trabajo y los niños ya casi ni hablamos. ¿Cómo puedo evitar que esto pase?

Éste es un problema muy común entre las parejas que

tienen más de dos hijos. Llega un momento en que hay tantas presiones a nivel afectivo, social, económico y laboral que la pareja comienza a descuidar la relación que hay entre ellos. Pero la pareja es el núcleo de la familia y no podemos dejar que nada la afecte. Por eso es importante buscar espacios donde marido y mujer puedan estar juntos y a solas, es decir, sin la interferencia de los hijos, y para eso es esencial encontrar a alguien que les pueda ayudar con el cuidado de los niños, aunque sea de vez en cuando.

Uno de los deberes más importantes de los padres es ofrecerles a los hijos el modelo de una pareja que convive en armonía y se quiere de buena manera. Eso influirá mucho en sus relaciones futuras y en su bienestar actual, pues los niños son muy sensibles a los problemas de pareja de sus padres. Por otra parte, una mujer que se siente insatisfecha con su vida no podrá ser una buena madre, al igual que un hombre que se siente frustrado en su relación de pareja tampoco podrá ser un buen padre y le costará más trabajo entregar su amor a los hijos de manera positiva.

Por eso, si usted siente que su relación de pareja está quedando sepultada por las presiones y las responsabilidades cotidianas, lo más importante es reaccionar de inmediato y darle prioridad a buscar esos mecanismos que le permitirán recuperar la sorpresa y la intimidad de su matrimonio, y que variarán de pareja a pareja, según sus circunstancias y preferencias.

> **La mayor parte del tiempo estoy en desacuerdo con mi esposo sobre la manera de educar a nuestros hijos. Para él es prioritaria la disciplina y cree en la mano dura. Le parece que yo soy muy complaciente y me culpa por cualquier problema que tienen los niños. Tenemos frecuentes discusiones sobre la educación y me preocupa que mis hijos salgan perjudicados.**

Cuando uno se casa o se empareja, generalmente busca a un ser humano que lo complemente. Esto significa que en muchas ocasiones la pareja tiene unos rasgos de personalidad y una manera de ser muy distintos o casi opuestos a los de uno. A la hora de criar estas diferencias se pueden exacerbar, pues cada uno trae a la crianza su personalidad y sus experiencias pasadas y esto a menudo resulta en opiniones muy distintas sobre la manera como se debe actuar con los hijos y, por tanto, en estilos de crianza a veces totalmente opuestos, que en nada benefician a los niños. De ahí la importancia de hablar mucho sobre los hijos y ojalá llegar a acuerdos sobre las pautas básicas de la crianza. No hay que olvidar que la existencia de un "frente unido" de los padres le dará coherencia y estructura a los hijos.

Cuando los padres no logran ponerse de acuerdo, es importante apoyar, aunque sea pasivamente, al otro, pero nunca desautorizarlo frente a los hijos. Obviamente hay situaciones que son inaceptables y frente a las cuales los padres deben reaccionar inmediatamente para proteger a sus hijos incluso del cónyuge, pero en la mayoría de los casos lo mejor es apoyar a la pareja en el momento y luego discutir la situación en privado. No es aconsejable, bajo ningún punto de vista, que los niños reciban mensajes dobles de los padres, pues esto les creará una confusión de lealtades.

Por otra parte, cuando haya desacuerdos es importante hablar siempre con la pareja y no quedarse callado, porque esos pequeños resentimientos que se van acumulando contra el otro pueden terminar envenenando más tarde la relación. A la hora de hablar, tenga en cuenta que las primeras discusiones sobre la manera de educar a los hijos serán difíciles, pues ése es un tema que toca fibras muy íntimas de las personas. Pero con el tiempo ustedes irán encontrando un espacio común, cimentado sobre el amor que sienten hacia sus hijos, e irán llegando a acuerdos que al comienzo pueden ser pequeños, pero que poco a poco irán volviéndose más importantes.

La educación de los hijos es un terreno compartido entre papá y mamá y por eso hay que trabajar siempre por que los dos se sientan satisfechos con lo que están haciendo y buscar acuerdos "gane-gane", como dice Stephen Covey, en los que las opiniones de los dos estén reflejadas. Para esto, desde luego, hay que hablar mucho y ceder algunas veces, revisar muchos esquemas y sacrificar pequeñas cosas, pero el resultado de todo este esfuerzo será ese "frente unido" de los padres, que es, estoy convencida, la principal garantía de la felicidad de nuestros hijos y la armonía familiar.

> Debido a nuestros horarios de trabajo, nuestros hijos pasan mucho tiempo con mis padres y mis suegros y nos preocupa que ellos los malcríen o terminen educándolos a su manera, cuando los papás somos nosotros. ¿Cómo podemos manejar esa situación?

Ésta es una pregunta que me hacen con frecuencia, debido a que hoy muchos niños pasan una buena cantidad de tiempo con los abuelos, mientras los padres están trabajando. Aquí lo importante es que usted se ponga de acuerdo con los abuelos en las pautas básicas de la crianza y la manera como usted quiere educar a sus hijos y luego deposite en ellos toda la confianza para que ellos actúen como creen que deben hacerlo en cada situación.

Si bien tradicionalmente los abuelos no tenían un rol de responsabilidad en la crianza y solían ser los que más mimaban a los niños mientras los papás los educaban, hoy día las circunstancias de la vida obligan a muchos abuelos a "compartir" con los padres la responsabilidad de la educación de sus nietos, para que cuando los niños estén con los abuelos no crean que pueden hacer todo lo que les venga en gana, sino que haya un puente de principios y normas de educación y de disciplina entre la casa del niño y la de los abuelos.

He visto con frecuencia casos en los que niños que pasan mucho tiempo con abuelos que los dejan hacer todo y no les dicen nada ven a los papás como los malos del paseo, porque los papás son los únicos que los educan y les imponen cierto orden. Esta discrepancia en la manera como los abuelos y los papás se comportan con el niño es muy perjudicial, porque establece una competencia entre los papás y los abuelos y le envía un mensaje equivocado al niño.

Por eso es fundamental que si su hijo pasa mucho tiempo con los abuelos usted delegue en ellos parte de la responsabilidad de la educación y respalde la manera como sus padres y sus suegros ponen en práctica las pautas de crianza que han discutido conjuntamente. Es importante que usted acuerde con ellos qué cosas puede hacer el niño cuando llega del colegio, por ejemplo, y organice un plan de actividades que los abuelos puedan supervisar mientras los niños están con ellos.

¿Cuándo se les debe contar a los hijos sobre la separación de sus padres?

Se les debe contar a partir del momento en que los padres ya estén totalmente seguros de que se van a separar. Esto es algo que preferiblemente deben hacer juntos y es importante que les expliquen a los hijos de la manera más clara posible qué fue lo que pasó y qué viene en el futuro. Hay que ser muy enfático en decirles a los niños que ellos no tienen nada que ver con esta situación, que no es ni culpa ni mérito de ellos que sus padres hayan tomado la decisión de separarse y que los dos los van a seguir queriendo como lo han hecho hasta ahora y siempre van a estar ahí para ellos.

Sobre las razones, pueden decirles que han decidido vivir aparte porque han visto que no les va bien juntos y que no pueden seguir compartiendo la cotidianidad porque están teniendo muchos problemas. También es importante asegurarles a los niños que la rutina va a seguir más o menos igual, con la única diferencia de que uno de los padres vivirá en otra casa, pero que eso no significa que se vaya a alejar de ellos y que pueden seguir contando con él.

Otra recomendación importante es tratar de hablar con los niños de la manera más tranquila y equilibrada, sin permitir que las emociones de los padres siembren más confusión y angustia en el corazón de los hijos. Los papás debemos entender que una separación es una decisión muy difícil y dolorosa, que producirá muchos sentimientos de pérdida y de fracaso. Por eso es preferible que traten de hablar con los hijos cuando ya hayan decantado un poco sus emociones y puedan tener más empatía con los sentimientos de ellos.

Mi marido y yo nos separamos hace poco, pero a mis hijos la separación parece no haberles

afectado en nada. Se portan como si todo si-
guiera igual. ¿Es eso normal?

No, no es normal. La separación siempre afecta a los
hijos, y mucho. Lo que puede pasar es que cada hijo
responde a la separación a su manera y, dependiendo
de la personalidad de cada uno, unos niños se pueden
demorar más que otros en reaccionar, pero siempre va
a haber una respuesta.

Algunos niños reaccionan inmediatamente y hablan sobre el asunto, tratan de hacer que sus papás se
vuelvan a unir y adoptan diferentes conductas, pero
todas en evidente respuesta a la situación. Otros, en
cambio, tal vez más callados o más reservados, se de-
morarán más en manifestarse y al comienzo pretende-
rán que todo sigue igual, sin expresar ninguna emo-
ción, pero con el tiempo usted irá notando pequeños
cambios de comportamiento. Podrán volverse, por
ejemplo, más nerviosos o irritables y reaccionar de forma exagerada a situaciones cotidianas; o más callados
o temerosos. Los más pequeños podrán iniciar una regresión y volverse a mojar en los pantalones, por ejemplo, o llorar más, o tener miedo de que la mamá salga
o de ir a sitios desconocidos. En los niños mayores, la
ansiedad ante la separación de los padres puede mani-

festarse en la aparición de ciertas obsesiones y el deseo de controlar por ejemplo la comida, como puede suceder sobre todo en las niñas adolescentes. Los jóvenes también pueden volverse más apegados a sus amigos o, por el contrario, más desconfiados en sus relaciones.

De una u otra manera la separación siempre va a causar una reacción en los hijos y lo mejor es que así sea, porque de lo contrario el niño reprimirá todas sus emociones, lo que será muy perjudicial para él en el futuro. La separación pone en jaque el afecto y por eso es lógico que los hijos se asusten y teman que a ellos también los puedan dejar de querer. Pero hay que darles el tiempo para expresarse, pues se ha visto que las reacciones a veces pueden tardar un año en manifestarse. Desde luego hay casos extremos en que la gente se demora quince o veinte años en sacar toda la angustia que le causó la separación de sus padres, pero eso no es sano. Por eso si su hijo tarda demasiado tiempo en mostrar alguna reacción, lo mejor es buscar la ayuda de un especialista y darle muchas oportunidades para hablar del asunto. Cuéntele cómo se siente usted y déjele saber que usted también está triste y le duele lo que pasó.

Para concluir me gustaría explicar las distintas etapas de reacción frente a una separación que la psicología ha identificado con claridad, para que los padres puedan evaluar en qué estadio están sus hijos y puedan brindarles un apoyo más sólido. La etapa inicial es aquélla en que la persona está en estado de *shock* y simplemente no puede aceptar lo que ha pasado. Luego viene la etapa de la negación, en que la persona sigue como si nada. Sigue una etapa de mucho dolor y tristeza, que también puede ir acompañada de rabia, y finalmente viene la aceptación. Hay que advertir que todas estas etapas se pueden presentar en el mismo día, especialmente en los niños pequeños, y que nadie se debe sorprender porque es el proceso normal.

> **Mi esposa y yo nos separamos hace un tiempo y para mi hijo ha sido muy difícil, pero lo curioso es que toda la reacción la ha dirigido contra la mamá, mientras que a mí nunca me pregunta ni me dice nada. ¿Es eso normal?**

En realidad no es extraño que esto suceda. Lo que pasa es que el hijo siente más confianza de hablar con la mamá o con la persona que se haya quedado con él en la casa, que por lo general es la madre, mientras que le da temor indisponer al padre que se fue y que puede no regresar. Por eso los niños tienden a dirigir toda la rabia principalmente contra la mamá, a la que tienen segura en la casa y que saben que no se va a ir.

Ante una separación, los niños tienen la tendencia a pensar que los padres se van a volver a unir un día y se demoran mucho en abandonar esa esperanza. Por eso se cuidan de contrariar al padre que se fue para que no se aleje tanto y la relación entre sus padres no se deteriore más. Es una actitud muy interesante, que se ve casi siempre. El niño anda como gato entre porcelanas, tratando de no herir, de no molestar al papá, con la esperanza de que ese papá vuelva pronto a la casa.

> **A raíz de nuestra separación, nuestros hijos pasaron de ser buenos estudiantes en el colegio a tener un rendimiento académico muy bajo. ¿Es normal que eso suceda?**

Generalmente se dice que una separación les cuesta un año escolar a los hijos. El impacto de la separación es tan grande que a los niños les cuesta mucho trabajo concentrarse en las tareas escolares y, por tanto, baja su rendimiento escolar. Con frecuencia están tan desconcertados y con una emocionalidad tan volátil que realmente no pueden concentrar su atención.

En otros casos, los niños pueden volverse malos estudiantes porque inconscientemente descubren que de ese modo atraen la atención de sus padres y los obligan a unirse para manejar sus problemas escolares. También pueden volverse muy indisciplinados y adoptar comportamientos inadecuados, para buscar el mismo efecto.

Pero lo que se ve en los colegios con más frecuencia es precisamente la situación que usted describe: niños que tenían en general un buen desempeño y a los cuales la separación de sus padres les dispara esas pequeñas debilidades que todos tenemos, al punto que llegan a entorpecer en gran medida su trabajo escolar.

Aquí lo más importante es atender la parte psicológica para que el niño entienda lo que le está ocurriendo. Decirle, por ejemplo: "Te veo distraído, sin ganas de estudiar, y eso pasa cuando uno está preocupado. Seguramente tú estás preocupado por la separación de tus padres". Adoptar esta actitud no sólo valida los sentimientos del niño sino que puede agilizar el proceso de duelo. También puede ser útil buscarle un apoyo escolar o dárselo usted misma, para que así el rendimiento escolar no baje tanto.

Es normal que un niño cuyos padres acaban de separarse pueda comenzar a tener problemas escolares y el que primero debe saber eso es el mismo niño. Encargar al niño de su situación es una posición honesta y sana, a la cual se debe recurrir en este tipo de situaciones difíciles.

> **Mi marido y yo nos separamos hace poco y como me siento todavía muy herida, soy consciente de que a veces hago comentarios negativos sobre el papá en frente de los niños. ¿Es eso muy malo?**

Sí, esos comentarios, aunque sean esporádicos, pueden hacerles mucho daño a los niños. Tenga en cuenta que una separación es una situación muy difícil para un niño y ellos nunca podrán ser observadores indiferentes de lo que pasa con sus padres.

Generalmente las parejas se separan porque no se entienden en muchos aspectos, y es lógico que esas diferencias de opinión sigan existiendo después de la separación. Además, con frecuencia los procesos de separación dejan en los dos muchos resentimientos y temas inconclusos que van a molestar durante largo tiempo. Una pareja que se acaba de separar casi siempre tenderá a establecer culpables y víctimas y tendrá muchos reclamos mutuos que hacerse, pero hay que ser conscientes de que todo este ambiente les hace mucho daño a los hijos. Por eso, la principal recomendación en estos casos es abstenerse totalmente de hacer comentarios negativos sobre el ex cónyuge delante de los niños y también abstenerse de involucrarlos de cualquier modo en las peleas entre papá y mamá. Nunca se debe permitir que los hijos se conviertan en mensajeros de esas peleas. En la mayoría de los casos va a exigir mucha madurez y autocontrol de parte de los padres, pero es algo que los hijos les agradecerán intensamente en el futuro.

Una buena manera de trabajar por alcanzar ese autocontrol es pensar que, después de todo, fueron ustedes mismos los que escogieron a su ex cónyuge como papá o mamá para sus hijos, y que cuando usted habla mal de esa persona delante de un niño, no está hablando mal sólo de su ex cónyuge, sino de la otra persona más importante para sus hijos junto con usted.

Desde hace unos años estoy separada del papá de mis hijos y ahora me voy a volver a casar.

¿Cuál es la mejor manera de manejar esta situación con mis hijos?

Hay que contarles, pero sólo cuando esté segura de que encontró a la persona adecuada y que el matrimonio será una realidad, pues para los niños es muy perjudicial empezar a ver a sus padres con distintos novios cada cierto tiempo, sin que ninguna relación se cristalice. Eso mina la credibilidad de los niños en sus padres y les produce mucho desasosiego y temor. Desde luego, también es importante darles la oportunidad de que conozcan a esa persona que va a entrar en su vida y pasen un tiempo con ella antes de casarse.

Lo más importante cuando los papás encuentran nuevas parejas es que logren que sus hijos establezcan relaciones favorables con sus nuevos compañeros. No tienen necesariamente que ser las mejores, pero sí cordiales. Con el tiempo el niño terminará entendiendo el papel que esta persona juega en la vida de su papá o su mamá y aceptando la nueva situación, en la medida en que también se verá beneficiado. Por supuesto, el niño necesita un tiempo de adaptación y por eso nunca es aconsejable contarle que uno se va a volver a casar sólo unos pocos días antes, pues se sentirá traicionado.

Hay que entender que para un niño el hecho de que su papá o su mamá se vuelva a casar significa el fin de la ilusión de que sus padres se reconcilien un día y vuelvan a estar todos juntos. Por eso esta noticia traerá consigo un duelo que el niño tiene que elaborar y probablemente implique también un rechazo inicial de la nueva pareja, pero será pasajero.

Otra cosa que es clave en estos casos es que el nuevo compañero de los padres se abstenga de intervenir en asuntos que le incumban únicamente al papá o a la mamá y al niño, como rutinas o problemas disciplinarios. La otra persona debe ser respetuosa y limitarse a apoyar o acompañar a su pareja, sin pretender suplantar al padre ausente.

> **Siempre se habla de los derechos de los hijos, pero nunca de los de los padres. ¿Podría hablarnos un poco de cuáles son esos derechos?**

En efecto, siempre se habla de los deberes de los padres pero nunca de sus derechos. Tradicionalmente tendemos a llenar a los padres de deberes y a juzgarlos muy duramente, sin darnos cuenta de que, al suprimirles sus derechos, le estamos haciendo un daño muy grave a la familia, pues algunos padres pueden terminar abusando de sus hijos en un intento por defenderse de esa opresión.

La relación padre-hijo debe ser tranquila, espontánea y llena de alegría, aunque conlleve responsabilidades. No hay que sentirse intimidado por los deberes, sino más bien tratar de ejercer nuestras funciones formadoras con nuestro mejor criterio y defender nuestros derechos para poder ejercer mejor nuestra tarea de criar.

Primero que todo, los padres tenemos derecho a equivocarnos y a aprender de los errores. Lo importante es no abusar de este derecho.

También tenemos derecho a tener nuestro propio tiempo y espacio, nuestras propias opiniones y creencias y a que nuestros hijos las respeten. A expresar nuestros gustos y preferencias y a afirmar nuestra individualidad.

Tenemos derecho a ser amados por nuestros hijos y por otras personas, y a no ser juzgados tan severamente por lo que hacemos o dejamos de hacer.

Tenemos derecho a elegir la mejor educación para nuestros hijos de acuerdo con nuestros principios, y a formarlos y corregirlos en consecuencia.

Tenemos derecho a que nuestros hijos nos cuiden

cuando ya no podamos hacerlo por nuestra cuenta y, sobre todo, a cosechar muchas satisfacciones a lo largo de todos los años de crianza.

Breves reflexiones
sobre la crianza

➤ Los niños en general necesitan nuestra supervisión, pero no necesariamente mucha "atención". Los niños "atendidos" por los padres de manera permanente se vuelven egocéntricos e inmaduros. Se acostumbran a "megadosis" de atención y ya nada los hace felices.

➤ El mejor ingrediente del amor es el respeto. El amor sin respeto sirve para muy poco.

➤ Todo lo que un niño ya pueda hacer por sí solo debe permitírsele hacerlo.

➤ Ser un buen padre es darle al hijo todo lo que en realidad necesita para desarrollarse, no todo lo que él quiera.

➤ Los niños van a ensayar cosas, pues es parte del

proceso de aprendizaje. Los padres debemos ser sus guías en este proceso de ensayo y error.

➤ Si usted cree que algo anda mal con su hijo, probablemente tenga razón. Es importante tener fe en nuestra propia intuición.

➤ Un niño que ha aprendido a "prestarle atención" a lo que dicen sus padres también prestará atención a lo que le digan los profesores.

➤ Los niños imitan el noventa por ciento de lo que hacen sus padres, pero sólo siguen el diez por ciento de lo que sólo les dicen que hagan.

➤ Nos pasamos casi toda la vida entendiendo y aceptando lo que nos pasó en la niñez.

➤ Cuanto más se esfuerza un padre por "hacer feliz" a su hijo, más se demora el niño en hacerse feliz a sí mismo.

➤ Se creía que la "frustración" era mala para los niños. Ahora reconocemos que desarrollar tolerancia a la frustración es esencial para que un niño aprenda a desenvolverse en el mundo.

➤ La responsabilidad es una virtud que se desarrolla en los niños desde muy temprano. No hay que esperar hasta la adolescencia, porque en ese momento ya es tarde.

➤ Cuando la crianza se convierte en una tortura permanente para los padres es hora de revisar lo que se está haciendo, pues la crianza debe traer también grandes satisfacciones.

➤ El niño que se porta mal está pidiendo con sus acciones que le ayuden.

➤ Jamás menosprecie el papel del juego en la vida de los niños. El juego es la tarea más importante en la niñez.

➤ A medida que crecen, a los hijos hay que darles mayor libertad, aunque sea para cometer más errores. Los errores son la única oportunidad que tienen de aprender por sí solos.

➤ La obediencia y el autocontrol son requisitos esenciales para una vida sana y se aprenden desde la infancia.

➤ Un deber de todo padre es apoyar los talentos de sus hijos, no sólo sus debilidades.

➤ La atención individual que usted le preste a su hijo le va a dar calidad al tiempo que pasen juntos, aunque sea limitado.

➤ Se necesitan dos personas para hacer un hijo y se necesitan dos para sacarlo adelante. Por eso tenemos papá y mamá.

➤ El exceso afectivo es tan perjudicial para un niño como el abandono afectivo porque el resultado es el mismo: un ser humano necesitado.

➤ Si usted intenta ser amigo y padre de su hijo simultáneamente fracasará en ambos. Cuanto mejor guía, es decir, mejor padre sea en los primeros dieciocho años de vida de su hijo, mayores posibilidades tendrá de ser su amigo después. A cada cosa su momento.

➤ Si usted quiere criar a sus hijos con un verdadero sentido de justicia, no debe darle a cada uno lo que pida sino lo que necesite. De ahí la importancia de conocer bien a cada hijo.

➤ No hay que esperar que el mundo se adapte a las necesidades de cada niño, sino más bien enseñarle al niño a adaptarse al mundo en el que le tocó vivir.

➤ Los padres les aseguramos un mejor futuro a los hijos cuando tomamos las decisiones desde nuestras fortalezas y logros y no desde nuestras debilidades y fracasos.

➤ La única otra persona en el mundo que puede sentir y compartir las alegrías y penas de un hijo es su otro progenitor.

➤ La cantidad de amor que se siente por cada hijo es siempre igual, lo que cambia es la calidad en la expresión de ese amor.

➤ Una de las mejores enseñanzas que podemos dejarles a nuestros hijos es a dar más de lo que los demás esperan de ellos y a hacerlo con agrado.

➤ Parece que existen dos elementos claves en la felicidad de una persona: tener un buen amor y un buen trabajo. Ayúdele a sus hijos a encontrar el camino hacia estos dos objetivos.

➤ Una de las principales tareas que tenemos como padres es no sólo conocer las debilidades y fortalezas de cada uno de nuestros hijos, sino retarlos en las fortalezas y apoyarlos en las debilidades.

➤ Pregúnteles a sus hijos con frecuencia "¿Qué piensas?" y preste atención a sus respuestas. Así no sólo conocerá mejor a sus hijos sino que desarrollará en ellos un buen pensamiento crítico.

➤ Sólo se desarrolla una buena estima cuando se alcanzan las metas esperadas, por eso debemos enseñarles a nuestros hijos a fijarse metas que puedan cumplir, para que así tengan logros.

➤ La televisión representa una amenaza importante para las comunicaciones en la familia. Así la familia vea televisión unida, todo el mundo deja de hablar.

Aunque estas reflexiones son "verdades universales", están inspiradas en mi trabajo con niños durante veinticinco años. También hay algunas tomadas de la obra de John Rosemond, reconocido psicólogo norteamericano, y de Jane Nelsen, conocida psicóloga y autora norteamericana.